民国笔记小说粹编编委会

民国笔记小说粹编

春冰室野乘

李孟符 著

山西出版传媒集团
三晋出版社

图书在版编目(CIP)数据

春冰室野乘 / 李孟符著. —太原:三晋出版社,
2022.1

(民国笔记小说粹编)

ISBN 978-7-5457-2381-6

Ⅰ. ①春… Ⅱ. ①李… Ⅲ. ①杂史—中国—清后期
Ⅳ. ①K252.045

中国版本图书馆CIP数据核字(2022)第023154号

春冰室野乘

著　　者: 李孟符
责任编辑: 任俊芳
助理编辑: 董　颖
责任印制: 李佳音
封面设计: 段宇杰

出 版 者: 山西出版传媒集团·三晋出版社
地　　址: 太原市建设南路21号
电　　话: 0351-4956036(总编室)
　　　　　0351-4922203(印制部)
网　　址: http://www.sjcbs.cn

经 销 者: 新华书店
承 印 者: 山西人民印刷有限责任公司

开　　本: 850mm×1168mm　1/32
印　　张: 8.25
字　　数: 165千字
版　　次: 2022年1月　第1版
印　　次: 2022年9月　第1次印刷
书　　号: ISBN 978-7-5457-2381-6
定　　价: 35.00元

总 序

黄 霖

承蒙三晋出版社的错爱，我遵嘱为他们在《民国笔记小说大观》的基础上再做的选粹本作了这个序。说实话，当时我一听这个书名就感到有点头疼，因为自从1912年王文濡推出《笔记小说大观》以来，究竟如何认识“笔记小说”这个名目可以说是众说纷纭，非三言两语能够说清，再加上手头的事情实在太多，不想去算这笔糊涂账了。但后来一想，近年来我正从研究近代文论的圈子里跨出来，在关注现代的“旧体”文学与文论，“笔记小说”这个名目作为一种文类或文体亮相并引发了争议，也正是从近现代开始的，因此也不妨乘此机会来梳理一下吧。

显然，要辨说“笔记小说”，首先要将“笔记”与“小说”这两个概念简要地说一说。好在古代对这两个概念，大家的认识本来就大致相近。

假如从《庄子·外物》《论语·子张》《荀子·正名》分别所说的“小说”“小道”“小家珍说”算起，“小说”之名是出现得比较早的。到汉代桓谭《新论》所提的“小说”就与20世纪前一般学者所认识的“小说”比较一致了。它指出其特点是“丛残小语，近取譬论，以作短书”。尽管“小说”于“治身理家，有可观之辞”，但据《论衡·谢短篇》等篇的解释，这类“短书”，写的都是“小道”，“非儒者之贵也”。到《汉书·艺文志》就明确在史志目录中将“小说”归为一类，并列出了具体的书名，从中可见，“小说”中既有“史官记事”之作，也有“迂诞依托”之书，另有阐发哲理的议论、风俗逸闻的记载，等等，内容庞杂，范围广泛。以此可见，“小说”这个概念的出现，先是从内容着眼，强调它写的是有别于经传“大道”之外的杂七杂八的“小道”，与此相适应的是在形式上都是“丛残小语”。简言之，所谓“小说”，就是并非正面、集中阐述“大道”的杂、碎文字。

至于“笔记”之名，当后起于文笔相分的六朝。刘勰《文心雕龙·总术》云：“今之常言，有文有笔，以为无韵者笔也，有韵者文也。”笔记，当属用无韵之笔随记而成的、有别于经年累月、深思熟虑写就的杂、碎文字。当时之所以起用“笔记”之名，主要是从写作的方式与形式的角度上来考虑的。一时使用这个概念者也较多，如刘勰在《文心雕龙·才略》中明确地提出了有“笔记”之作：“路粹、杨修，颇怀笔记之工”，“温太真之笔记，循理而清通，亦笔端之良工也”。差不多同时的萧子显在《南齐书》卷五十二《文学·丘巨源传》中也提到了“笔记”之名。到宋代就有了以“笔记”为名的书籍，如宋祁的《宋景文公笔记》、苏轼的《仇池笔记》等等，久盛不衰。假如也用一语而言之，则所谓"笔记",就是随笔而记的无韵杂、碎文字。

于此可见,"小说"与"笔记"之别,主要是在起用这两个概念时的着眼点、出发点不同,一是从内容出发,一是从写作的方式出发,在20世纪以前的文献学意义上,它们的实际内涵与外延应该是大致相同的,所谓"笔记"或"小说",都是指经(正)史之外的,包括各类内容与多种形式的零简短章。它们一般都用的是文言,所以到现代,有人在"小说"之前加了"笔记",用来与"白话小说"相区别;它们一般成集,但也有单篇或零星几章的,特别是在报刊兴起之后,单篇之作也很多。正因为"小说"与"笔记"两个名目,有异有同,古人又似未见对此有所辨析,只是在各自的著作中自做不同的分类或赋予不同的名目,于是就分分合合,弄得缠夹不清了。

不过,据我粗略的检视,在20世纪以前的漫长历史中,文人墨客或用"小说"之名,或称"笔记"之作,绝大多数并没有将这两个名称合在一起,没有把"笔记小说"或"小说笔记"作为一个文体或文类的名称来使用的。偶尔有之,也是为了文气的连贯而将两者作为相近文体或文类而并列在一起而已。假如当时有标点符号的话,应该是写成"笔记、小说"更为确切,只是当时没有标点符号,就将两者并写在一起了,如宋代史绳祖在《学斋占毕》卷二"蔆薐二物"条中说:"前辈笔记小说固有字误,或刊本之误,因而后生末学不稽考本出处，承袭谬误甚多。”[①]再如清代王杰所编的《钦定重刻淳化阁帖释文》中有一文写道，“各有专书以纠其失，其他见于古今诗、文及说部、笔记者指摘不胜枚举”。[②] 这里的诗与文、说部与笔记之间都是应该加顿号的，它们都是并称的。再如江藩在说钱大昕治元史时说：“搜罗元人诗文集、小说笔记、金石碑版，重修元史，后恐有违功令，改为《元诗纪事》。”[③]其“小说笔记”也只能看作是性质相近的两类文字并写在一起，也并没有将“小说笔记”四字合在一起看作是一个文体或文类。

时代跨进了20世纪，在新的文学思潮影响下，1902年梁启超在正式发行中国第一本小说杂志《新小说》之前两个月，在《新民丛报》第十四号上发了一篇《中国惟一之文学报〈新小说〉》，对将要发行的《新小说》的宗旨、形式、内容、发行等问题做了介绍，特别详细地对将要发表的各类小说做了分类说明，指出有历史小说、政治小说、哲理科学小说、军事小说、冒险小说、探侦小说、写情小说、语怪小说等不同，这些显然都是从内容上分类的。接下来就从形式上、或者说从文体上指出还有“札记体小说”与“传奇体小说”。在这里，“札记”与“笔记”义同。他特别在“札记”与“小说”之间加了一个“体”字，意义非

① 史绳祖《学斋占毕》卷二，文渊阁四库全书本。

② 王杰等辑《钦定石渠宝笈续编》卷二十三，清乾隆末年内府朱丝栏抄嘉庆增补本。

③ 江藩《国朝汉学师承记》卷三，清嘉庆十七年刻本。

凡。这表明在新潮的西方文学观念影响下，他所认识的“小说”已不再是传统的不论在内容上还是形式上都是包罗万象、混沌模糊的一个概念，而是开始将“小说”看作“文学”中的一种自具特色的文体，而“笔记”也只是一种特殊的表现形式与手段。正是在转变了小说观念之后，他在“笔记”与“小说”之间加了一个“体”字，以示这类小说是“笔记”类文体或形式的小说。后在《新小说》正式发行时，他又将“札记体小说”略称为“札记小说”。这种“札记小说”的代表作就是“随意杂录”的“《聊斋》《阅微草堂》之类”。这也就是说，“札记小说”乃是一种用随意笔记的形式写就的如《聊斋志异》《阅微草堂笔记》一类的有故事、有人物，乃至有虚构的文字，也就是“札记体小说”。现在看来，梁启超在新潮的纯文学观念影响下，他心中的“小说”已不同于桓谭、班固到刘知几、胡应麟及四库馆臣笔下的“小说”了。他已将“小说”作为“文学”中的一种独立的文体，不再与“笔记”混同一体，而认为古代作品中“笔记”与“小说”这两者的关系，只能是“笔记体小说”或“小说体笔记”，因而在他主编的《新小说》中发表诸如《啸天庐拾异》《反聊斋》《知新室新译丛》等作品时所标的“札记小说”四个字的含义，实际上已经与古人所用的“笔记小说”之义大相径庭，赋予了“笔记体(类)小说”的新意。这是一次历史性的跨越。自此之后，“札记小说”或“笔记小说”四字的含义，就不再只是“笔记与小说”或者是“笔记加小说”一解，而是另有了一种新义了。而且在这里也清楚地告诉了人们,“笔记”与“小说”两者是不能相混的:在“笔记”中有一类是“小说”,还有许多并不是小说;在小说中有一类是“笔记体”,还有很多是非笔记体的;所谓“札记体小说”或“札记小说”,就是用笔记的手法写成的小说,或者说是归于“笔记”类中的“小说”。

梁启超的看法立即产生了影响。继《新小说》之后,不久发行的一些小说杂志,如《竞立社小说月报》《月月小说》,乃至如以学术为主的《东方杂志》之类也都在这样理解“札记小说”四字的基础上安排了这一专栏,发表了一系列的“笔记体(类)小说”。同时,商务印书馆出版的规模宏大的“说部丛书”,也据梁氏的分类标准,在每一部的封面上大都醒目地标明了是属于某类小说,如政治小说、军事小说等等,其中也有《海外拾遗》《罗刹因果录》等标明是“笔记小说”。此二书,都是分八则,写了各色人等的故事。这里的“笔记”与“小说”之间虽无一个“体”字,但实际就是“笔记体(类)小说”的意思,都是用随笔的形式写成的有故事、有人物、有虚构的作品。乃至在1929年4月2日的《新闻报》的广告栏中刊载大华书店发售的小说,也标明了不同的分类,除了从内容上区别“武侠小说类”“香艳小说类”及新与旧的不同外,另就形式而言也有“笔记小说类”。显然,这个“笔记小说类”也就是“笔记中的小说”或“小说类的笔记”,与梁启超的认识是一脉相承的。

但到民国年间出现了新问题,好编丛书的王文濡,接连编印了《古今说部丛书》《笔记小说大观》《说库》等将传统笔记与小说混在一起的丛书。其用“说部丛书”“说库”之名当无问题，而其于1912年用进步书局之名出版的《笔记小说大观》一书，共分八辑，收220余种作品，体量极大，尽管其书的《凡例》称“所选趋重小说”，但同时又说，“然关于讨论经史异义，阐发诗文要旨”等“古人笔记中往往有之”之作品也不忍“割爱”。且开宗明义第一条就说：“本编纂辑历代笔记，起六朝，迄民国，巨人伟作，收罗殆遍。”其书在报纸上刊载的“预约广告”也说：“《笔记小说大观》，系集汉魏以来笔记二百余种之汇刊，都五百余册。”①都是将“笔记”覆盖了“小说”。可见王文濡心目中还是将“小说”与“笔记”混在一起的。这样一来，同样“笔记小说”四字，自古至今出现了三种理解：一种是古代个别学者将“笔记”与“小说”并称而合在一起；另一种是如梁启超们将“笔记”中可称“小说”的一类称之为“札记体小说”或略称为“札记小说”；再者就是王文濡将“笔记”与“小说”混为一类的“笔记小说”。

由于当时的小说界普遍接受了新潮的小说观，而对古人曾经有过的零星将“笔记”与“小说”并称的情况没有注意，所以一见王文濡将“笔记”与“小说”混为一类就多有不满，如在当时文坛上比较活跃的姚赓夔就撰文说：

---

① 《新闻报》《民国日报》1928年6月19日同载。

"笔记小说"四字,最不可解。笔记自笔记,小说自小说,岂可相混?笔记而名之以小说,是何异画蛇而添足乎?①

署名玉衡者也发文说:

笔记与短篇小说,体裁既异,结构亦不自同。而今之作者,往往互相混淆,是无异于孙周之兄不能辨菽麦。②

《海上繁华梦》作者漱石生也说:

笔记有笔记体裁,小说有小说绳墨,二者绝不相混也。③

与此同时,小说界开始注意辨析"笔记"与"小说"的异同。如《申报》1921年3月20日载《笔记与小说之区别》,列举了九条,如云:"笔记须有记载之价值,次之趣味;小说须有百读不厌之精神,次之勿使阅者意懈,目不终篇。""笔记重实叙,故曰记;小说可虚绘,故曰说。""笔

---

① 《小说杂谈》,《星期》1922年第29期。
② 《小说管窥》,《星期》1923年7月29日。
③ 《余之古今小说观》,《新月》1925年11月1日。

记叙人物、地址皆有名，示翔实焉；小说多以‘某’代之，或并某字而无之，如‘生’‘女’皆成名称，不妨虚衬也。”为了避免将“笔记”与“小说”混淆，一些学者重拾梁启超的旧话，用“笔记体的小说”[①]“笔记式的小说”[②]或“笔记的小说”[③]等提法来取代容易混淆的“笔记小说”。应该说，假如大家都遵循这样的提法的话，后世就不会产生歧义了。

但问题比较麻烦的是，实际上从梁启超始，既创用“札记体小说”之名，又将之略称为“札记小说”，自乱了阵脚。现经《笔记小说大观》热炒畅销之后，特别经过一些“笔记+小说”类的“笔记小说”选本与丛书的不断亮相（选本与丛书中也有一些是只收“小说”的或只称“笔记”的），还是有相当一部分人将“笔记小说”看成是“笔记+小说”的。“笔记小说”一个名目、两种理解状况就始终存在着。

更使人缠夹不清的是，尽管自20世纪二三十年代后，大多数小说史家与文学史家笔下的“笔记小说”的实际含义已是“笔记类小说”，但他们还是乐此不疲地沿用“笔记小说”来论文与著史。最典型的如郑振铎先生，他在1930年写的专论小说分类的《中国小说的分类及其演化的趋

---

① 叶楚伧《中国小说谈》，《民国日报》1923年7月24日。

② 赵芝岩《小说闲话》，《半月》第3卷第14号。

③ 周群玉《白话文学史大纲》，上海群学社1928年版，第123页。

势》长文中，一方面指责《笔记小说大观》收之太滥，强调"笔记小说"丛书应当编成"故事集"，另一方面还是沿用"笔记小说"之名。他说：

> 第一类是所谓"笔记小说"。这个笔记小说的名称，系指《搜神记》（干宝）、《续齐谐记》（吴均）、《博异志》（谷神子）以至《阅微草堂笔记》（纪昀）一类比较具有多量的琐杂的或神异的"故事"总集而言；范围固不能过于狭小，内容的审查，固不能过于严格，然也不能如前之滥，将一切"杂事""异闻""琐语"都包括了进去，有如近日出版的通俗本的"笔记小说大观"。我们应该将他们限于"故事集"的一个标准之下，或至少须是具有大多数的故事的。所谓"琐语"之类的东西，像《计然万物录》（编者注：托名计然著，东汉时成书，原书佚，清茆泮林辑）、《博物记》（汉唐蒙）、《博物志》（晋张华）、《清异录》（宋陶谷）、《杂纂》（唐李商隐）、《幽梦影》（清张潮）、《板桥杂记》（清余怀）；所谓"异闻"之类中的《山海经》《海内十洲记》《神异经》；所谓"杂事"之类中的《摭言》（唐王定保）、《云溪友议》（唐范摅）、《北梦琐言》（宋孙光宪）、《归田录》（宋欧阳修）、《侯鲭录》（宋赵德麟）等

等，都是不能算作“笔记小说”的。[1]

在民国时期另作专论“笔记小说”的是王季思先生。他写的《中国的笔记小说》《中国笔记小说略述》两文内容大致相同。其基本意思也同郑振铎。他说：“就笔记说，凡是纯属学术的讨论与考订的，如《困学纪闻》《日知录》《廿二史札记》《十驾斋养新录》，虽是笔记，却非小说。”除此之外，笔记的“轶事、怪异、诙谐”三类中，不论所写“幻想幻觉”还是“所见所闻”，凡有故事，有人物，“最可见作者及所记人物个性”的，就是“笔记小说”。[2]

民国时期两篇有关“笔记小说”的专论，都是认同用四个字来表达笔记中的小说是一种独立的文体。这样的认知与表达实际上也反映了民国以来绝大多数的文学史、小说史作者的看法。不但如此，以后的文学史、小说史作者大都也是如此，一直到20世纪90年代所出的几本具有代表意义的“笔记小说史”，乃至目前最流行的袁行霈先生主编的《中国文学史》与袁世硕先生主编的《中国文学史》，都是将“笔记小说”理解为“笔记体小说”而不是“笔记与小说”的。苗壮先生的《笔记小说史》定义“笔记小说”时说：“以笔记形式所写的小说，它以简洁的文言、短

---

① 郑振铎《中国小说的分类及其演化的趋势》，《学生杂志》1930年第17卷第1期。

② 王季思《中国的笔记小说》，《战时中学生》1939年第9期；《中国笔记小说略述》，《新学生》1947年第4卷第2期。

小的篇幅记叙人物的故事。”[①]而袁行霈先生主编的《中国文学史》说“笔记小说”是“采用文言，篇幅短小，记叙社会上流传的奇异故事、人物的逸闻轶事或其片言只语”。[②]显然，他们都将“小说”之外的“笔记”排斥在“笔记小说”之外。但是，时至今日，人们在沿用这个歧义的“笔记小说”的名目时，已经很少有人再想起历史上曾经用过的“笔记体小说”“笔记式小说”“笔记类小说”这类比较确切的提法了。

从梁启超到郑振铎、王季思，到当代的文学史、小说史作者们，为什么明明心里想要表达的是“札记体小说”，要将“笔记”与“小说”区别开来，认为混入了不少笔记的《笔记小说大观》收得过滥，而最后还是没有鲜明地表示“笔记自笔记，小说自小说”，还是用了一个容易混淆视听的“笔记小说”呢？我想可能主要是汉字构词的特点所造成的。我们的汉字富有弹性，构词时常常留下了活络的空间。“笔记小说”四字，的确可以包容“笔记与小说”“笔记体小说”“笔记小说这一类小说”这三种不同的理解。谁都可以用这四个字来表达，谁都不能算错。再加上传统写诗作文，用四字构词比较上口，特别如梁启超，在为未出的《新小说》做广告时拈出了“札记体小说”，而当《新

① 苗壮《笔记小说史》，浙江古籍出版社 1998 年版，第 4 页。

② 袁行霈主编《中国文学史》第三版，第二卷，高等教育出版社 2014 年版，第 153 页。

小说》正式付印时，考虑与“历史小说”“政治小说”“科学小说”等并称，就略称为“札记小说”。当时在他心目中，肯定觉得这“札记小说”就等于“札记体小说”，殊不知“札记小说”也可理解成不是“札记体小说”的呢！

再看，从《笔记小说大观》问世以来，陆陆续续用“笔记小说”之名出版的一些选本或丛书，其总体数量虽不能与一些史著与研究著作相比，但其混乱的程度却非常突出。当然，其中也有一些选本或丛书用“笔记小说”或“小说笔记”之名来编选作品时，基本上都是选录了一些有小说意味的作品，如 1934 年江畬经编选的规模不小的《历代小说笔记选》就是一例。1949 年后，如 2004 年天津古籍出版社出版的《唐宋笔记小说释译》就明确说，“所选篇目以故事性、趣味性的轶事为主”。对于“笔记小说”概念的辨析最为清楚的，要数严杰先生在他编选几种“笔记选”时所写的前言中说的：“笔记小说只是笔记中的一大类”；“笔记大致可以分为三类”，“第一类以记载短小故事为主”，“第二类以历史琐闻为主”，“第三类以考据辨证为主”；“把笔记划分为三大类，并确定笔记小说的范围，需要注意的是，其间界限并不是非常清楚的，只能划出大略的轮廓而已。在确认第一类笔记为笔记小说的同时，也应该承认第二、第三类中也存在着相当数量的小说。笔记小说毕竟不能算是有意识创作的产物，其中的文学成分不是很纯净的”；“我们就不便再把唐传奇当作笔记小说看待了，尽管它同笔记小说有着渊源关系”。[①] 但是，毋庸讳言，还有编选者对于“笔记小说”的概念是缠夹不清的。比如，自《笔记小说大观》之后，1978—1987 年台北新兴书局出版的《笔记小说大观丛刊》，1990 年、1994 年先后由周光培编辑出版的《历代笔记小说汇编》（辽沈书社）、《历代笔记小说集成》（河北教育出版社），1999—2007 年上海古籍出版社出版的《历代笔记小说大观》，规模都很庞大，然其所收的没有小说意味的笔记触处可见，显然它们都是受王文濡的影响，将笔记与小说混为一类的。还有的，甚至将传奇、通俗长篇小说都纳入“笔记小说”之内，如有《清代笔记小说类编》一书，其《总序》说：“全书以传奇体小说为入选重点，从清人所作的约一百五十部笔记中选取二百余位作家创作的约一千九百篇作品，按类分编成十卷。”[②]我真不知道他选的究竟是传奇还是笔记。还有的竟然将《岭南逸史》《儒林外史》这样的长篇通俗小说也归入“笔记小说类”。[③] 此外，还有不少人将“笔记小说”与从语言上分类的“文言小说”混为一谈。如江西人民出版社 1984 年出版的《历代笔记小说选》称：“我国古代短篇小说，可分为两种：一是笔记小说，一是话本小说。前

① 严杰《唐五代笔记小说选译前言》，《唐五代笔记小说选译》，巴蜀书社 1990 年版，第 1—6 页。

② 陆林《〈清代笔记小说类编〉总序》，《清代笔记小说类编》，黄山书社 1994 年版，第 3 页。

③ 《新闻报》1929 年 4 月 2 日载大华书局广告。

者是用文言写的,后者是用白话写的。”诸如此类,可见对于“笔记小说”的理解真是五花八门,难怪程毅中、陶敏等先生站在不同的角度上大呼“笔记小说”的提法“于古于今都缺乏科学依据”,[①]“造成了许多混乱”。[②] 的确,这种混乱的局面再也不能继续下去了。

如今,我们要厘清“笔记小说”这个概念,就应该既要尊重历史演变的实际,又要解开一个结。这个结,就是要在正确认识传统的“大文学观”与目录学的基础上,去顺应近现代中西文学交流下的文学观念的通变,接受新的“小说”观,从而重新审视传统的“笔记”与“小说”。我们不能简单地认为接受新的小说观就是“以西律中”,抛弃传统。事实上,中国传统的包括叙事文学观在内的文学观本身也是在不断地发展变化,对于“文学”不同于学术乃至其他所有“文字著于竹帛”者而自具特性的认识也在不断发展与深化。就“小说”而言,对于这一文体的叙事、写人、虚构等特质的认知也是在一步一步地从混沌走向明晰,所以当西方的小说观传入后就能一拍即合,相互融合,形成了一种新的“小说”文体观。20 世纪以来逐步形成的所谓“小说”,乃至“笔记小说”“传奇小说”“话本小说”“章回小说”等名目,都是在立足本土、借镜西方、反复

---

① 程毅中《略谈笔记小说的含义及范围》,《古籍整理研究学刊》1991 年第 2 期。

② 陶敏、刘再华《“笔记小说”与笔记研究》,《文学遗产》2003 年第 2 期。

讨论的过程中形成的具有中国特色的新概念。这种新的小说文体观的确立与分类的细化，正标志着中华民族文化的进步，也显示了我们民族具有包容与消化世界先进文化的胸怀与能力。实际上，我们对于古代与西方的文化，都应该以一种辩证的、发展的、现实的眼光来看待，站在当代的、中国的、科学的立场上来接受与扬弃。承传中华民族文化的优秀精神，不是要倒退，而是要向前。假如今天不接受百年来形成的新的小说观，再将古今两种小说观搅在一起的话，“笔记”与“小说”的糊涂账将是永远算不清楚的了。

当我们辨明“笔记小说”四字的前世今生，再面对现实的发展态势，我相信将来的发展可能不用学者们过多辩说，事实上会“约定俗成”地形成这样的情况：“笔记小说”四字即表达了“笔记体小说”或“笔记类小说”“笔记式小说”的意思。这已为自梁启超以来的百余年历史所证明，绝大多数小说家及文学史、小说史专家，以及多数“笔记小说”的选本、丛书等出版物，都是将“笔记小说”理解为用笔记体写成的、大致符合现代文体分类中具有“小说”意味的作品。它是“笔记”的，也就是不同于有完整故事的传奇，更不是通俗长篇之作，而是一些随意编录的零简短章；它是含有现代所理解的“小说”意味的，其核心是记事的，或实或虚，或真或幻均可，而不同于传统习用的内容没有边界、相互纠缠不清的“小说”“笔记”“说部”“杂说”等名目了。

至于将"笔记"与"小说"混成一体的、甚至再羼杂"笔记""小说"之外作品的"笔记小说"观，虽然在一些选本与丛书中偶然还看到，但实际数量是并不多的。而且我们还应该注意到，不少选本与丛书的选家，为了避免混淆"笔记"与"小说"，就干脆只用"笔记"之名而摒弃了因古今理解不同而容易引起歧义的"小说"两字，在《笔记小说大观》之后，就出现了为数不少的唯名"笔记"的选本，如姜亮夫编的《笔记选》（北新书局 1934 年版）、陈幼璞编的《古今名人笔记选》（商务印书馆 1938 年版）、叶楚伧主编的《历代名家笔记类选》（正中书局 1943 年版）、吕叔湘编的《笔记文选读》（文光书店 1946 年版）、刘耀林编的《明清笔记故事选译》（中华书局 1962 年版）、《历代史料笔记丛刊》（中华书局于 1979 年起编刊）、周续赓等编的《历代笔记选注》（北京出版社 1983 年版）、福建师范大学历史系华侨史资料选辑组编的《晚清海外笔记选》（海洋出版社 1983 年版）、卉子编的《中国古代笔记文选读》（四川少年儿童出版社 1986 年版）、偬仕编的《魏晋笔记选》（中国文学出版社 1999 年版）、黄飙编的《历代笔记选析》（海峡文艺出版社 2015 版）、倪进编的《唐宋笔记选注》（上海教育出版社 2016 年版）和《元明笔记选注》（上海教育出版社 2018 年版）等等，其中有的甚至主要或全部收的是"笔记体小说"，也宁可用"笔记"之名而不带"小说"两字了。这与 1983 年江苏广陵古籍刻印社重刊《笔记小说大观》的序言提到的一种看法完全相同："笔记就是笔记，联带上‘小说’有点不伦不类，不如叫《笔记大观》为好。”①这的确既遵循了传统，又避开了混乱，可谓是明智之举。以后欲将“笔记”与“小说”混为一类的选家，不妨都照此办理，只用“笔记”或“说部”之类中国传统的概念来标名，恐怕不失为一条坚守传统的老路吧！

至于有时要将“笔记”与“小说”放在一起并称的，那就比较简单，只要中间加个顿号就解决了。

这样，用三种方法来表示三类本来纠缠不清的“笔记小说”，就不会相混了。我相信，历史的发展必然会继续沿着百余年来已被多数学者所认同和走过的这条道路继续前进。

行文至此，话归正传。我们打开山西古籍出版社1995年始出版的《民国笔记小说大观》，共有四辑52种，其中除《曾胡治兵语录》一编外，大致都有现代意义上的“小说”味。如今又出《民国笔记小说萃编》凡24种，已无《曾胡治兵语录》一类的笔记了，但其中有三部书也可能会产生一些不同的看法。第一部是刘成禺的《洪宪纪事诗本事簿注》。假如从传统文献分类来看，它的基本性质是一部诗注。但它是用“笔记小说”类的文字来注的，其注98篇文字编撰了丰富而生动的故事，说它是笔记体小说也应该是可以的。第二部是《寒云日记》。“日记”本身

---

① 高斯《重刊〈笔记小说大观〉序》，《笔记小说大观》，江苏广陵古籍刻印社1983年版，第2页。

就是一体。这本日记又夹杂了不少有关诗词的著录、名物的考辨等，然“日记”作为按日所记之笔记，作者又以自己作为中心，用其简约、隽永的文字，逐日记事写情，还是具有一点“小说”因素的。第三部就是缪荃孙之《云自在龛随笔》。从此书的主要成分看，实是一部学术随笔，所记多为金石书画、版本目录之学，但中间亦可见多篇记事写人、饶有文趣之作。所以这三部书，虽然显得各有一点另类的味道，但就其实，用比较宽松的眼光来看，不妨也可列于“笔记小说”之中吧。

至于其他著作，几乎都是记述一些社会生活中的大小事件、人物轶事之类，作者当时往往将它们视为“掌故”“杂史”“稗史”之类的史著，未必认同这也是“小说”。本来，在古代笔记中有小说味的作品主要是两类，一类是记鬼怪，另一类是记人事。记人事的也有虚、实之别，当然是写实的居多。凡所谓稗史、掌故、野史、琐记、轶闻等等，名目繁多，都是以记人叙事为主。在晚清民国时期，倡导科学，因而多视记鬼怪者为迷信，不少作者有意回避。与之相应，此时做笔记者大都自命其作是为了补翼正史。作者又多生于高官世家，或本身就是名流学者，熟稔朝廷内外及学界文场的种种故实，所记多自亲睹亲闻，有的还到图书馆里翻阅书刊查证。笔下虽有一些是梳理了历史上的陈迹，但最可宝贵的是触及了晚清民国时期诸如宫廷斗争、外交风波、官场倾轧、吏治腐败、名臣功过、史事曲折、遗老姿态、名士趣闻等方方面面，且多标榜信实，自诩为良史。固然，这些笔记，从作者的写作意图来看，他们主要是想写“史”，而不是要创作小说。后来的历史研究者们，引用这些民国笔记中的片段时，也往往将它们作为故实来证史。它们“史”的本质毋庸讳言。

强调信实的历史著作，与可以虚构的文学创作，从现代学科分类来看，当然是两个门道。但是，它们最重要的一个内核，即记事，是相同的。古代朝中史官之记事，当然是一件十分严肃的事情，所谓“圣人之记事也，虑之以大，爱之以敬，行之以礼，修之以孝养，纪之以义，终之以仁”（《礼记·文王世子第八》）。但后来到民间记事，就未必如此郑重其事了，所记未必都是国家大事，也有的来自道听途说，再有的加些油盐酱醋，甚至有的还故意幻设了一些故事，于是就出现了所谓“稗史”“野史”“外史”，乃至“谐史”“趣史”之类，虽也称之为“史”，但此史已不同于彼史了。更何况，就是一些纪传体、纪事本末体之类的所谓“正史”之作，所记之事，所写之人，也有的富有文学意味，人们也常将它们当作文学作品来欣赏。一部《史记》，不是在“中国文学史”著作中也有着崇高的地位吗？与此同理，民国间那些用笔记的形式，所记的大大小小的故事、形形色色的人物，不也可以当作文学中的一类“小说”来欣赏吗？

事实正是如此。我们就以颇有代表性的瞿兑之来说吧。他在民国期间大力提倡“掌故学”，其主要精神是为了在“正史”之外用“杂史”来保存与发掘真实而完整的史料。有人称他是继王国维、梁启超之后，可与陈寅恪相颉颃的“史学大师”。[①] 他认为，自宋以后，在“正史”中已找不着“政治社会制度之实际情况”了，这是因为“自来成功者之纪载必流于文饰，而失败者之纪载又每至于湮没无传。凡一种势力之失败，其文献必为胜利者所摧毁压抑”。所以治史者“为救济史裁之拘束，以帮助读史者对于史事之了解”，必须“对于许多重复参错之琐屑”加以综合审核之后，“存真去伪，由伪得真”，所以“杂史之不可废”。更何况到了清末，“文字之禁骤然失效，从前闷着不敢说的一切历史上疑案”，人们都敢说敢写了，再加上私家印书方便，报章杂志风行，笔记杂事轶闻之作就纷然而起，以求在“史学上”做出贡献。同时，从文字表达的角度来看，他认为先前的《史记》《汉书》，“叙述一个重要人物每从一二节上描写，使其人之性情好尚，甚至于声音笑貌跃然纸上，即一代兴亡大事，亦往往从一件事故的发生前后经过著意叙述，使当时参加者之心理，与夫事态之变化都能曲折传出，而其所产生之果自然使读者领会于心。”但“后来史家每办不到而渐趋于官样文章之形式。所以然者，秉笔之人多少有一点公务的史职在身，而后代的文网较为苛密，加之私家的传说太多，不是公认的话不敢说，不是官式的史料不敢依据，因此虽然极好的史裁也受

① 周劭《瞿兑之与陈寅恪》，《闲话皇帝》，上海书店 1994 年版，第 113 页。

了限制，不能像《史记》那样活泼泼地了。”[①]所以现在他要从“杂史”中找回“正史”中早就不存在的那种“活泼泼”的文字，这也就使他们的“笔记”“掌故”等杂史之作带有了文学味、小说味。他们写的既是史著，但又可视之为“小说”了。且看其《杶庐所闻录》中有一则记张之洞曰：

> 张文襄虽主新政，而思想陈旧，亦出人意表。其在鄂督任时，公文不用新语，必苦思所以代之者。及入管学部，一日稿中偶有新名词。公批曰：“新名词不可用。”部员某年少好事，戏夹签于内曰：“新名词亦新名词，亦不可用。”次日更定上之，而忘去此签。公见而惭怒，竟日不语，遍翻古书，欲有以折之，卒不可得，乃霁颜谢焉。[②]

此短短数语，将虽主新政、思想仍旧的张之洞，围绕着“新名词”一词，对于属下批评后的神情变化，表现得惟妙惟肖。另见其《辛丑和约余闻》一则，就李鸿章签订和约事，写张之洞与李鸿章因两人所处的地位、经历不同而各持己见，各有意气，只用了一二语，即神情毕现：

---

① 瞿兑之《〈一士类稿〉序》，《一士类稿》，《民国笔记小说大观》第二辑，山西古籍出版社 1996 年版，第 17—27 页。

② 瞿兑之《杶庐所闻录》，《民国笔记小说大观》第一辑，山西古籍出版社 1995 年版，第 27 页。

> 辛丑议和之役，李鸿章一手主持，不免有徇外人之意太过者。当时急于求成，亦无人起而抗争。惟与俄国单独订密约一事，众议哗然，中外皆不以为然，卒未画押。张之洞、刘坤一争之尤力。相传刘、张联衔电李争持，实出张之手。李愤甚，电致军机处，谓："不意张督任封疆二十年，仍是书生意见。"张闻之亦惭怒，谓人曰："李相办和议事二三次，便为交涉老手耶？"①

与瞿兑之同道的有徐一士，写的笔记小说也多，他们两人一吹一唱，所持的观点完全一致。徐一士也认为笔记首先当写得"不违乎事实，而有益于知闻"，同时要有文采，"或为工丽之章，或具闲逸之致"。但在"专制之朝，王者为防反侧"，迭兴文狱，"故以当时之人而为私家之著作，处境綦难，有时饰为颂扬，良非得已。至清之既亡，则野史如林，群言庞杂，秽闻秘记，累牍连篇，又过于诞肆，楚则失矣，齐亦未为得也。"至于民初设清史馆，所编《清史稿》之类，"取材循官书文件之旧，评赞多夷犹肤饰之词"，根本无当于"史笔"。因此，他要将"有清一代，专三百年中华之政，结五千年专制之局，为世界交通新陈代谢之窔键"中的"是非得失"，"爬梳搜辑"，通过"随笔之体"

① 瞿兑之《杶庐所闻录》，《民国笔记小说大观》第一辑，山西古籍出版社 1995 年版，第 194 页。

来"贡一得之愚"。[1] 他自幼就好读《三国演义》《水浒传》《西游记》《封神演义》《聊斋志异》《儒林外史》《隋唐演义》《儿女英雄传》《三侠五义》等"闲书",以听故事为乐,这种熏陶,就使他的笔记更有小说味了。其他收入此编的诸作,虽然文风有异,繁简有别,但大都如这样的一些文史兼备之作,读来皆有兴味。所以此编名之为《民国笔记小说粹编》,也可谓是名副其实,不知读者以为然否?

2022 年 1 月 2 日

① 徐凌霄、徐一士《〈凌霄一士随笔〉自序》,《凌霄一士随笔》,《民国笔记小说大观》第三辑,山西古籍出版社,1997 年版,第 8、9 页。

编纂凡例

《民国笔记小说粹编》，选编民国时期笔记小说名家名作，呈现民国笔记小说主要面目，以利阅读和研究。

一、命名。笔记小说是对文史掌故笔记著作的传统称谓。《四库全书总目提要》将掌故著作归于杂家及小说家等类，20世纪20年代有集古代掌故笔记著作之大型丛书《笔记小说大观》出版。至90年代，本社出版《民国笔记小说大观》凡四辑52种49册。本次整理选其精要，亦收新品，精编精校，名之曰"民国笔记小说粹编"。

二、收录范围。本丛书主要收录民国时期（1912—1949）撰写或出版过的文史掌故著作。兼收个别清末出版的重要掌故笔记，因这些清末著作实质上是民国笔记的先声，对民国笔记的繁荣发展起过巨大的推动作用；但只限于其作者为入民国后仍从事创作活动并有相当影响者。丛书所收民国笔记均在万字以上，个别有特殊价值的不受字数限制。

三、排版、文字。简体横排。

四、点校、加注。凡有多种版本的，择一善本为底本，他本作参校，需要时出校记；手稿或单一版本的采取自校。整理时原则上保持底本文字原貌，异体字一般统一为规范字（涉及古地名、人名、译名等的字不在此限），凡明显错讹缺衍之字、词，均做改正并加以标示，符号为：原稿残缺或无法辨识的字用“□”标示；错别字后跟改正字外加“（）”标示（以下情形不做标示：人名前后不一致的，径改为正确人名；词形不一致，原文即混用的，直接统一改为现代汉语规范字，如“看作”“看做”统一改为“看作”）；缺脱字直接补充字外加“〔〕”，衍文外加“〈〉”。丛书正文不加注释，需特殊说明之处，做脚注，或于导言中予以说明。

原书未分段、标点者，均分段并以新式标点标点。如有整段引文或整首诗词等，亦分段。

特别说明：书稿中用语、用字、用法具有时代特征，与现行规范不合的，保留原貌，如“的、地、得”的使用；“右述”“如左”等原有格式标指文字，保留原貌；特殊的公文（如法律条文等），原文未标点，保留原貌；音译外国人名、地名等，保留原貌。

五、撰写导言，拟小标题。本丛书每部书前均由编者撰以导言，对作者生平、版本流变及内容特点等予以简介。对未予随事标题之笔记，凡有条件者，均酌情拟小标题（此种情况须在导言中说明），以便索引及阅读。

六、原书中有“胡清”“发逆”“拳匪”“蛮”“夷”等歧视性称谓，以及某些不当观点，为保存原著全貌，保存原著作者观点，均未予删节或更改，特此申明。

由于时隔久远、资料不足，加之其他种种原因，本丛书虽纠正了原著诸多误载，但绝难尽善尽美，敬希读者予以指正。

民国笔记小说粹编编委会

2022年2月

目　录

卷中

导 言

李岳瑞（1862—1927），陕西咸阳人，字孟符，号春冰，别号春冰室主、惜诵，笔名“荄兹”等，刘古愚门人。清光绪九年（1883）进士，历任翰林院编修、工部员外郎、总理衙门章京等职。同时，他也是维新变法的重要人物，与宋伯鲁、阎乃竹等维新人士在北京组织“关西学会”，是联系光绪皇帝与康有为、梁启超等人的重要人物。戊戌变法失败后，被革职回乡。清光绪三十一年（1905），应张元济邀，赴上海商务印书馆任编辑。辛亥革命后，李岳瑞任清史馆编修。他还曾为《甲寅》等杂志、报纸撰写评论文章。他晚年回归故乡，充陕西省省长公署秘书长及督办公署秘书。

李岳瑞长于诗词，汪辟疆曾评价他：“其人襟怀散朗，诗亦蕴藉如其人。惟俊伟之概，不能以博洽掩也。”李岳瑞一生著述颇丰，著有《春冰室野乘》《悔逸斋笔乘》《郢云词集》《国史读本》，另与梁启超合著《中国六大政治家》等。其中《春冰室野乘》最初发表于梁启超主编的《国风报》，是其最为知名的著作。《春冰室野乘》3卷，共143则，全书记述了清代中期至民国初年这一时期内的轶事或时事，以及见闻和思考，随事标题，内容十分广泛，涉及宫廷、外交、诗词、谜语、掌故传说、名人轶事、传奇故事等，这些内容可以作为今人了解当时历史事件的一些线索。作者文笔老到，点染几笔就书就一则故事，常有佳句、卓见，令人为之振奋。

民国二十五年（1936），《春冰室野乘》由宋联奎、王健、冯光裕校点印行。初版之后，短期内曾六次再版。

此次整理出版，选用的底本为1967年台湾文海出版社印行的《近代中国史料丛刊第六辑》所收录的版本，较之前版本在文字录入上有了很大改进。此次出版在尽量还原原始文本样貌的同时，纠正了明显的文字错讹、标点问题。为方便读者阅读，民国二十五年单刊本的“跋”仍置于书后，可窥见时人对其著述之评价。

任俊芳　董　颖

春冰室野乘

李岳瑞　著

卷　上

一　拣魔辨异录

《拣魔辨异录》一书，世宗宪皇帝御制，以辟天童僧法藏、宏忍师徒之邪说也。简端列谕旨一道，计四千一百余言。略谓：

> 佛道以指悟自心为本，利人接物，直达心原。外道魔道，亦具有知见。因误认佛性，谤毁戒行，故谓之魔。朕览密云《悟天隐修语录》，其言句机用，单提向上，直指人心，乃契西来的意，得曹溪正脉。及见密云之徒法藏所言，全迷本性，无知妄语。不但不知佛法本旨，即其本师悟处，全未窥见。其嗣宏忍，复有《五宗救》一书，造业无穷。今其魔子魔孙，至于不坐香、不结制，甚至饮酒食肉，毁戒破律。唯以吟诗作文，媚悦士大夫。若不翦除，则诸佛法眼，众生慧命，所关非细。朕既深悉禅宗之旨，豫识将来魔

业之深，不加屏斥，魔法何时消灭！著将藏内所有藏、忍语录，并《五宗原》《五宗救》等书，尽行毁板，僧徒不许私自收藏。有违旨隐匿者，发觉以不敬律论。另将《五宗救》等书逐条驳正（案：即此书），刻入藏内，使后世知其魔异，不起他疑。天童密云悟派下法藏一支所有徒众，著直省督抚详细查明，尽削去支派，永不许复入祖庭。果能于他方参学，得正知见，别嗣它宗，方许秉拂。谕到之日，天下祖庭系法藏子孙开堂者，即撤钟板，不许说法。地方官即择天童下别支，承接方丈。朕但斥除魔外，与常住原自无涉，与十方参学人更无涉，地方官勿误会朕意。凡常住内一草一木，不得动摇；参学之徒，不得惊扰。奉行不善，即以违旨论。如伊门下僧徒固守魔说，不肯心悦诚服者，著来见朕。朕自以佛法与之较量。如果见过于朕，所论尤高，朕即收回原旨，仍立三峰宗派。如伎俩已穷，负固不服，以世法哀求者，则朕以世法从重治罪。

云云。

此旨既出，当时督抚非皆谙习佛法之人，不知如何遵旨办理。书凡八卷，每条先以小字低一格录宏忍原书于前，而以大字顶格，书圣制于后，与《驳吕留良四书讲义》体例相同。特彼书为儒臣奉敕编纂，此书则一字一句，悉出圣裁耳。（按：藏、忍之书，既入释藏，其人必非国朝人。但未知其生当何代，当质诸精通内学者。）

书中第六卷有一条，涉及儒书，因辨《史记》记孔子事之不可信，恭录于此，以见大圣人读书论世之精识。略云：

《论语》言孔子在陈绝粮，不言陈发卒徒围孔子也。孟子曰："孔子之厄于陈、蔡之间，无上下之交也。"孟子何为有此言哉？盖当时即有陈、蔡发兵之说，而孟子辨之。谓陈、蔡君臣，皆与孔子无交，是以适有绝粮之厄，而非有兵戎之患云尔。历来转以《史记》释《孟子》，而孟子之意遂不显。按：《史记》所载，吴伐陈，楚救之，军于城父，知孔子在陈、蔡间，使人召之。陈、蔡之大夫相谓曰："孔子贤者，其刺讥皆中侯王之疾，恐至楚而发我阴私。"遂相与发卒徒围孔子，绝粮三日。孔子使子贡告于楚，昭王发兵迎孔子，围乃解。此其为子虚乌有无疑。是时，陈、蔡安敢构怨于楚？且吴伐陈而楚救之，楚迎孔子而陈转围之。陈君臣虽至愚劣，安敢当一大国伐我之师，更得罪救我之大国耶？楚使者与孔子俱，陈其并围之耶，抑解围一角而出之耶？楚王闻之，有不即发兵迎孔子，而必待子贡之来告耶？从者皆病莫能兴，子贡独能溃围而出耶？此事之必无者也。且所记孔子告子贡、颜渊曰："'匪兕匪虎，率彼旷野。'吾道非耶？何以至此！"子贡曰："夫子之道大，故天下莫能容，盍少贬焉？"颜渊曰："不容何病，不容然后见夫子。”夫颜渊、子贡之贤，岂得谬戾至此！君子当患难，省躬克己，则有之矣，安得有忽思改弦易操之理？且道大则于人无所不容，而亦无恶于天下，岂有以道大而转致天下莫能容之事？如果至不容于天下，则必于己实有不韪，天下国家，岂有皆非之理？安得漫然曰：“不容何病，不容然后见夫子？”岂圣贤戒慎恐惧之心哉。且孔子于子贡之劝以少贬，则怒而嗤之；于颜渊之言“不容何病”，则悦而受之。天下有如是好谀之圣人乎？且曰：“回也，使尔多财，我为尔宰。”于绝粮三日之时，因一语投机，忽欲为弟子主掌家财，尤可谓无谓之极矣。此又理之所必无者也。然则《史记》之言，好事者为之也。

二　雍乾遗事（二则）

（一）雍正月夜微行

昔客京师，闻诸故老：世宗、高宗皆好微行。故闾井疾苦，无不周知。雍正时，内阁供事有蓝某者，富阳人，在阁当差，颇勤慎。雍正六年元夕，同事者皆归家，蓝独留阁中，对月独酌。忽来一伟丈夫，冠服甚丽。蓝疑为内廷直宿官，急起迎，奉觞致敬。其人欣然就坐，问：“君何官？”曰：“非官，供事耳。”问：“何姓名？”具以对。

问："何职掌?"曰："收发文牍。"问："同事若干人?"曰："四十余人。"曰："皆安往?"曰："今日令节，皆假归矣。"问："君何独留?"曰："朝廷公事綦重，若人人自便，万一事起意外，咎将谁归?"问："当此差有好处否?"曰："将来差满，冀注选一小官。"问："小官乐乎?"曰："若运好，选广东一河泊所官，则大乐矣。"问："河泊所官何以独乐?"曰："以其近海，舟楫往来，多有馈送耳。"其人笑颔之。又饮数杯，别去。明日，上视朝，召诸大臣问曰："广东有河泊所官乎?"曰："有。"曰："可以内阁供事蓝某补授是缺。"诸大臣领旨出。方共骇诧间，一内监密白昨夜上微行事，乃共往内阁宣旨。蓝闻命，咋舌久之。后官至郡守。

(二)乾隆赐杨瑞莲举人

常州人杨瑞莲者，梁文庄诗正之戚也，依文庄京师。杨工篆隶书，会乾隆中开西清古鉴馆，文庄因送杨馆中，充写官。直八月十三日，午后，一伟人科头白袷，徐步而至。杨不知谁何，漫揖之就坐。其人问："馆中人皆何往?"曰："悉入闱乡试矣。"问："君胡独不往?"曰："恐内廷不时有传写事件，故留此耳。"遂问姓名、籍贯，杨具以对。索观所为书，极称赏。忽数内侍闻声寻至，方知是上，亟蒲伏叩头。上笑颔之而去。次日，语文庄曰："汝戚杨瑞莲，人甚诚实，篆隶亦佳，不得预试，殊可惜，可赏给举人。"文庄顿首谢。杨后以修书劳绩，议叙选湘潭令。颇自贵其书，尝忤抚军意，被劾。上曰：“杨瑞莲老实人，朕所深知，所参不准。”掷还原奏。后洊升知州，乃谢病归。

三　乾隆宫禁遗事（三则）

（一）岁暮祀灶坤宁宫

乾隆一朝，每岁暮祀灶于坤宁宫。室中正炕上设鼓板。皇后先至，上驾继到，坐炕上，自击鼓板，唱《访贤》一曲。执事官鹄立环听。唱毕，送神，上起还宫。六十年中，无岁不然，至嘉庆时始罢。

（二）同乐园买卖街

圆明园福海之东，有同乐园，每岁赐内廷诸臣听剧于此。高庙时，每至新岁，特于园中设买卖街，凡古玩、估衣，以及酒肆、茶炉，无所不备，甚至携小筐售瓜子者，亦备焉。开店者俱以内监为之。古玩等器皆先期由崇文门监督于外城各店肆中采择交入。言明价直，具于册，卖去者给直，存留者归其原物。各大臣入园游览，皆竞相购买，或集酒馆、饭肆哺啜，与在外等。肆中走堂、佣保，皆挑取外城各肆之声音宏亮、口齿伶俐者充。每驾过肆门，则走堂者呼菜，店小二报账，司账者核算，众音杂遝，纷然并作。上每顾而解颐，至燕九日始辍。嘉庆四年，高庙上宾，此例遂停。

（三）乾隆之幼女呼和珅为丈人

高宗幼女和孝固伦公主下嫁和珅子丰绅殷德。未嫁时，主常呼和相为丈人。一日，上携主游买卖街，和时入直，在焉。售估衣者有大红呢夹衣一领，主悦之。上因语主曰："可向汝丈人索之。"和亟以二十八金买而进之。主呼和为丈人，未知其故。主少时好衣冠作男子状，或因戏为此称耶？

四　乾隆朝万寿庆典之盛（二则）

（一）粤鄂浙三省供奉巨丽

乾隆十六年十一月二十五日为孝圣宪皇后万寿，由西华门至西直门外之高梁桥，经棚、剧场相属于道。各省供奉皆穷极工巧，而尤以粤、鄂、浙三省为最巨丽。粤之翡翠亭，高三丈余，广可二丈，悉以孔雀尾为之。鄂之黄鹤楼，形制悉仿武昌，唯稍小耳。最奇者，重楼三成，千门万户，不用一土一木，唯以五色玻璃砖砌成，日光照之，辉映数里。浙之镜湖亭，以大圜镜，径可二丈许，嵌诸藻井之上，而四围以小圜镜数万，鳞砌成墙垣。人入其中，一身可化百亿，真奇观也。当时街衢中，惟听妇女乘舆，官吏士民皆骑马往来，不得乘车轿，虑拥挤也。熙来攘往，太和翔洽之盛，安得复睹于今日哉。

（二）福文襄所供机巧之物

闻诸故老：高宗纯皇帝八旬万寿时，福文襄为两广总督。其进奉之物，系小楠木匣一枚。启之，则一小屋，屋内中置屏风，屏风前一几，几上列笔床、砚匣数事，有机藏几下，捩之，则一西洋少女，高可尺许，自屏右出，徐徐拂几上尘，注水于砚，出墨磨之。墨既成，又从架上取朱笺一幅，铺之几上。即有一虬髯客出自屏左，径就几，搦管书“万寿无疆”四字，书成掷笔，仍返入屏后。女乃从容收去笔砚，仍置原处，始扃其户而退。闻制此者，为院房一吏。制既成，文襄阅之，踌躇曰：“四字如能作满、汉合璧，则更佳矣。”吏跽而答曰：“可。容归而思之。”既归即高卧，至夕而起。起辄以布一匹，紧缠其首，升屋瓦上，坐达旦。如是者三日夜，乃跃然曰：“得之矣。”略增机括数事，于是所书者，居然成满、汉文矣。文襄大喜，厚赉之。然其人脑力业已用尽，自此遂不能复记忆一事，平日巧思皆乌有矣。此事传者未免稍过，然询之内府中人，知当时确有此事，特不如言者之甚耳。孰谓吾国人机巧逊晳种哉！或又云，文襄入都祝嘏，先期以此匣进呈。内监索重贿，文襄靳之。监即正色曰：“机巧之物，非有知识；且为器愈精，则愈易破损。设书至‘无’字，而机关忽滞，戛然中止，孰则执其咎者？”文襄无以难，竟被摈不得进御。此则更传闻之误。盖文襄宠眷之隆，内监决不敢勒索重贿；即有要求，以文襄之豪侈亦决不吝此戋戋也。

五　宣宗冲龄神武

嘉庆癸酉林清之变，贼犯大内。宣宗方在智邸，读书上书房。闻变，诸王、贝勒皆仓黄奔避，宣宗独亲御鸟枪，连发毙二酋。贼错愕不敢前。禁军入，遂悉就禽。仁庙下诏褒异，加封智勇亲王，遂定金匮缄名之局。人皆仰圣武之布昭，而不知智勇天锡，自髫龄时而已然也。乾隆五十四年，高宗木兰秋狝，宣宗以诸皇孙随扈，时圣龄才八岁。一日，至张家湾行宫，上亲率诸王校射，宣宗侍侧，俟诸王射毕，亦御小弓矢，连发，中其二。上大喜，拊其顶曰："儿能连中三矢，当以黄马褂为赉。"果三中之，即置弓矢，跪上前。上问所欲，不对，亦不起。上大笑曰："吾知之矣。"因命侍臣取黄马褂衣之。仓卒间不得小者，即以成人之衣被之，乃谢恩起。而裾长拂地，不能行，乃命侍卫抱之以归。御制诗集中，有诗纪其事。

六　德宗皇帝圣德恭纪（二则）

（一）俭德

德宗平生最恶外洋机巧玩物，即钟表亦不肯多置左右。后来崇尚西法，纯出于保国救民之念，而绝无喜新厌故之思，此质诸天地而无憾者。外间所传，某侍郎每召见，必怀西人奇巧玩物数事以进，故圣眷最隆者，皆谣诼之蜚语耳。秀水沈淇泉太史（卫），甲午殿试前，补行覆试，不记何诗题，其结联颂圣处曰："圣朝崇本务，奇技绌重洋。"阅卷大臣原定一等第十名，及进呈，上特以朱笔密圈，拔置第一人。观此可以知先皇之俭德矣。

（二）一僧一道

政界之变相，始于光绪辛卯、壬辰间。此后遂如丸石走坂，不及平地不止矣。先是，辇金鬻官者，必资望稍近，始敢为之。至是乃驰纲解弢，乳臭之子、汛埽之夫，但有兼金，俨然方面。群小之侧目于先帝，亦至是而愈甚。四川盐茶道玉铭者，都下木商，隶籍内务府，入赀得同知职衔者也。其谢恩召见时，上询："尔向在何署当差？"对曰："奴才向在××（二字为木厂字号，记者忘之矣）。"上不解，又问之。则曰："皇上不知××乎？××者，西城第一大木厂也。奴才向充管事。"上哂曰："然则木厂掌柜耳。木厂生意甚好，何忽弃而作官？"对曰：

“因闻四川盐茶道之出息，比木厂更多数倍耳。”上是时已怒甚，然犹隐忍未发，复问：“尔能国语乎?”曰：“不能。”“能书汉文乎?”嗫嚅良久，始对曰：“能。”上乃以纸笔掷地，令一太监引之出，于乾清宫阶上默写履历。待之良久，始复命缴卷。仅有“奴才玉铭，某旗人”数字。字太如茶杯，而脱落颠倒不可辨识。甚者，即“玉铭”两字，亦复错讹，不能成书。上始震怒，立命以同知归部候选，而改授张元普为盐茶道。张元普者，浙中老进士，官谏院多年，贫甚。京察已数届，望一知府不可得，一旦获此，真所谓始愿不及者矣。玉铭既失官，复归木厂，承辨醇贤亲王祠庙大工。以干没巨款，并勾通醇邸内监，盗邸中物，售诸西人使馆。事觉，诏提督衙门逮捕，乃披剃为僧，遁入西山佛寺。先是，有鲁伯阳者，亦以夤缘得官苏松太道。既抵江南，刘忠诚方督两江，知其由来，固靳之，终不令到任。数月后，竟藉事劾去之，奉旨开缺。闻鲁于此缺，先后运动费耗去七十余万，竟未得一日履新任。因愤而入山，著道士服，不复出矣。京师人谈此两人事者，戏谓之“一僧一道”也。

七　德宗外交之大度

光绪乙未，朝鲜既称帝号，改元。明年遣使来聘，用敌国礼。廷议朝鲜吾旧藩，今夜郎自大如此，不如绝之。上曰：“我不能有而附于日，日既左右之，立国建元，称帝号矣，固俨然邻国也。此与东、西诸国，宁有少殊乎？我不能拒绝东、西诸国之使，奈何独拒朝使？”遂令其觐见，而报以国书如常礼。上之豁达大度，黜虚文而崇实际类此。戊戌夏，联日议起，始命黄京卿遵宪为出使大臣。故事：实缺道员出使，皆以四品京堂候补，黄时官长宝道，独以三品卿用，盖重其事也。先期令总署恭撰国书，依故事拟草上，上阅之，殊不惬意。因于“大日本国皇帝”之上，御笔亲加“同洲同种同文最亲爱”九字，中间词意，亦多所改定。书成，命王文勤及张樵野侍郎奉诣日使馆，与日使矢野文雄商榷，而密诏不令李文忠与知。盖文忠仇日甚，不愿联日，而忌者又为蜚语以中之，故怒遂不解也。未旬日而文忠出总署之命下矣。

八　历书异闻

内廷进御之时宪书，与外间颁行者，其款式绝不相同。用白宣纸印朱丝阑，楷书缮写，一页仅十日，积三页乃成一月。每日所有宜、忌各事，皆属国家大政，庆赏、刑威、朝会、游幸之属。姚伯昂先生《竹叶亭杂记》尝载其一条。高宗内禅后，已颁行嘉庆元年宪书。嗣仁宗面谕枢臣，命除民间通行专用嘉庆元年一种外，其内廷进御，及中外各衙门，与外藩各国颁朔，皆别刊乾隆六十一年之本，与嘉庆本并行，以彰存敬之诚。自是两本并行者历四岁，至高宗升遐后始已。此见诸《圣训》及《东华录》诸书者也。江右某学士于光绪中叶，在琉璃厂肆一旧书摊上购得顺治三十年历书一册，亦系内廷进御之本。印写、装潢，色色精丽。且钦天监朱印鲜明如新，决非可以伪为者。遍询故老，竟莫明其故。今此本犹藏学士家中。

九　乾隆朝伪皇孙之狱

南宋刘僧遇（自称钦宗皇子者）、明末之王之明，皆在乱亡之余。即西汉成方遂之狱，亦当戾园巫蛊之后，大狱甫解，人心未靖，乘机而起，图遂奸私。从未有升平无事之时，忽起非常之疑狱者。若国朝乾隆时伪皇孙一案，则真可异矣。乾隆五十五年春，纯庙南巡回銮，驻跸涿洲（州）。忽有僧人率一幼童接驾，云系履端亲王次子。王讳永珹，纯皇帝第四子，其侧室福晋王氏，王素钟爱。有他侧室产子，以痘殇，邸中人皆言实为王氏所害。事暧昧，无可究诘。上虽微闻之，然弗问也。至是乃以童子入都，命军机大臣会鞫之。励堂侍郎保成时为军机司员，察其伪，乃直前批童子颊曰："汝何处村童，为人所绐，乃敢为灭门事耶？"童皇惧，自承树村人，本刘姓，为僧人所教。狱上，斩僧于市，戍（戍）童子伊犁。后又于其地冒称皇孙，为松相国筠所斩。保遂以是受知，不数年至卿贰。

一〇 明太祖御书墨迹

华阴县东华岳庙殿后万寿阁，地势绝高。登楼一望，可数百里。阁之后有一小楼，兔葵燕麦中，游踪罕至者。楼上供明太祖高皇帝御书《梦游西岳文》真迹。其文云：

> 猗西岳之高也哉，吾梦而往。去山近将百里，忽睹穿云抵汉，岩崖灿烂而五光。正遥望间，不知其所以，俄而已升峰顶。略少俯视，见群峦叠嶂，拱护周迴；苍松森森，遮岩映谷，朱崖突兀而凌空。其豺狼、野鸟、黄猿、狡兔，略不见其踪。悄然洁净，荡荡乎峦峰。吾将周游岳顶，忽白雀之来双，蓦异香之缭绕，管弦丝竹之声，杂然而来。意试仰观，见河汉之辉辉，星辰已布吾之左右。少时，一神踞言曰："慎哉，上帝咫尺。"既听斯言，方知西岳之高，柱天之势如此。于是乎诚皇诚恐，稽首顿首。再来瞻天，愈觉神殊气爽，体健身轻。俄闻风生万壑，雷吼诸峰。吾感天之造化，必民获年丰。遂举手加额，豁然而梦觉。於戏，朝乃作思，夜必多梦。吾梦华山，乐游神境，岂不异哉！

此迹以墨笔书白油板壁上，作行楷书，字大如杯。书法虽不工，而有奇逸之气，信非臣工所能代为。今尚完好如新，而弃置僻室中，华下人无知之者。贵筑杨君寿彤读书岳庙时，始寻得之。惜地僻，无工摄影术者传其迹于世。

一一 正音书院

人第知明太祖曾使人分赴闽、广，教习官音，而不知我朝亦有斯制。闽中诸州县，从前皆有正音书院，即为士民学习官音之地。雍正六年，钦奉上谕：

> 凡官员有莅民之责，其言语必使人人共晓，然后可以通达民情，熟悉地方事宜，辨理无误。是以古者六书之训，必使谐声会意，娴习言语，皆所以成遵道之风、著同文之盛也。朕每引见大小臣工，凡陈奏履历之时，惟有闽、广两省之人，仍系乡音，不可通晓。夫伊等以现登仕籍之人，经赴部演礼之后，敷奏对扬，仍有不可通晓之语。则赴任他省，又安能宣读训谕，审断词讼，皆历历清楚，使小民共晓乎？官民上下，言语不通，必使胥吏从中代为传递。于是添设假借，百病丛生，而事理之贻误者多矣。且此两省之人，其言语既不可通晓，不但伊等历任他省不能深悉下民之情，即身为编氓，亦不能明悉官长之言，是上下之情，扞格不通，其为不便实甚。但语言自幼习成，骤难更改，故必徐加训导，庶几历久可通。应令福建、广东两省督抚转饬所属府、州、县有司教官遍

为传示，多方训导，务使语言明白，使人易通，不得仍前习为乡音。则伊等将来履历奏对，可得详明，而出仕地方，民情亦易达矣。

各处正音书院，盖当时遵奉上谕所建，无如地方官悉视为不急之务，日久皆就颓废。惟邵武郡城一所，至嘉、道时尚存，然亦改课时文，无有知其建设之意者矣。今朝廷方谋统一全国语言，先朝祖制，自不可数典而忘。故亟著之，以饷今之言宪政者。

一二　福八

明弘光帝小名福八，宫中妃嫔尝教英武（鹦鹉）呼之，以为剧谑。沈士柱宫词所云“英武（鹦鹉）金笼唤御名”者是也。见黄梨洲《思旧录》。

一三　明故太子之异闻

弘光南渡时王之明一案，卒召亡国之祸，人皆知之。而不知前此北都已有故太子出见之事。钱轵《甲申传信录》载其事颇详，而他书不少概见，爰亟录之：

顺治元年十一月，忽有一男子，随一内侍投故嘉定伯周奎府中，自称故明太子。奎侄铎引与长平公主相见，抱头痛哭。奎饭之，举家行君臣礼。太子言：“城陷之日独出，匿东厂门一日夜，潜出至东华门，投豆腐店中。店小儿易予以敝衣，居五日，送至崇文门外一尼庵。留居半月，而内侍来，遂携归其家，藏诸密室。今闻公主在，故来。”傍晚哭别而去，数日复至。公主赠一锦袍，密戒云：“慎勿再至。”十九日又至，奎留宿，语之曰：“太子自诡姓刘，为书生，庶可免祸，否即向官府究论。”太子不从，逐之门外，遂以犯夜被擒。刑部山东司主事钱凤览勘其事，讯内侍旧臣，共言此真太子，旧司礼监王德化亦言其真。百姓观者数千，皆应声呼真太子。是日送入殿中，廷勘之。太子言宫中事，悉无讹，召故锦衣官尝侍卫东宫者十人讯之，十人同声对曰：“真也。”独故晋王执以为非是。遂下太子及常侍、内监、锦衣十人于狱。凤览上疏力争，略曰：“前太子危地也。何所觊觎而假之？”京师商民，各具疏请释太子。又有宛平民杨时茂者，上疏请将茂身肉剁为泥，骨碰成粉，以赎太子。顺天府民人杨博等亦疏请留故太子以奉明祀。疏上，悉留中，此案遂不知其究竟。然大略可睹矣。

此案罕见纪载，即亭林、南雷两先生亦不知之。当时秘密，概可想见。

一四　交泰殿大钟（三则）

（一）交泰殿大钟

尝读沈侍郎初《西清笔记》中一则云：

交泰殿大钟，宫中咸以为准。殿三间，东间设刻漏，一座几满，日运水斛许贮其中。乾隆以来，久废不用。西间则大钟所在。高大如之，蹑梯而上，启钥上弦，一月后始再启之。数十年无少差，声远直达乾清门外，犹万历时旧制也。于文襄执政时，每闻钟声，必呼同直者曰："表可上弦矣。"今久不闻此声，问之内廷官吏，亦无知者。

（二）内府铜钟

《西清笔记》又云：

内府有一钟，下格有一铜人，长四五寸许，屈一足跽，前承以沙盘。钟鸣时，铜人则一手执管，于盘中划沙，作"天下太平"四字，钟声寂而书竟矣。闻亦利玛窦初来时所制者。

（三）灵谷寺二十四卦钟

记此因忆刘继庄献廷《广阳杂记》云：

江宁孝陵之侧为灵谷寺，古刹也。其大殿中悬古景阳钟。钟周界为二十有四卦，卦各悬一杵。清浊高下，各自为律，依时递报，久闻者办（辨）为何律，即知已至何时矣。

此则必非西人所作，然使不明声化学者，又何以为之？吾国中数百年前，已有如是绝艺，而竟不获传，并其姓名而不可知，惜哉。又国初闽中最多绝技，相传有漳州孙细娘之小自鸣钟，高仅一寸，而报时不差分毫；莆中姚朝士之测晷仪器，不拘北极高下，皆可得真晷刻。而其器悉不传，并其名亦在若有若无间矣。

一五　明太傅遗事

纳兰太傅明珠为康熙时权相，卒以贿罢，而生平驭下极严。以故当政柄十余年，而门客家奴无敢为城狐社鼠之行者，其智计亦足多也。太傅既贵，乃广置田产，分命诸奴仆主之，厚加赏赉，使人人充足，而严禁其干预外事。立主家长一人综理家务，诸奴有不法者，许主家长立毙杖下；即幸免而被逐，亦无他人敢容留者。曰："伊于明府尚不能存，况他处乎？"故其下爱而畏之，莫敢不奉法者。太傅虽罢黜，而后嗣奕世富豪，为满洲世家冠。至裔孙成安，忤和相坐法，籍没其所庋珍玩，有天府所无者。或有以此事证《红楼梦》一书为演太傅家事者，则误矣。盖成安籍殁时，距太傅执政已及百年，其时代迥不合也。

一六　徐健庵遗事

唐人通榜之法，士大夫公然行之，不以为疑。自糊名易书之制行，此等事遂不概见。徐健庵尚书贵盛时，其中表杨某者官翰林。一日，徐屏人语之曰："欲主顺天乡试乎?"杨唯唯。健庵又曰："若是，则吾有一名单，君入场，当留心物色之。"未几，顺天考官诏下，杨果得正主考。方摒挡入闱，健庵使其仆持一缄至，启视，则名单一纸，累累数十人，下悉注关节字句，皆当时名士也。杨入闱，悉如其指。榜发，都下大哗，言官以其事上闻。圣祖降旨，定期亲讯。杨窘甚，求救于健庵。健庵从容慰之曰："子姑归毋恐，狱行解矣。"杨惘惘归，恐惧犹未释，已而竟无事。后始知有一近臣面奏，言："国初以高官厚禄羁縻汉儿，犹拒而不受；今一举人之微，乃至输金钱通关节以求之。可见汉儿辈皆已归心朝廷，天下从此太平矣，敢为皇上贺。"圣祖闻奏，为之解颐，故竟寝其事不究。然此人亦健庵所使也。

一七　郭华野遗事

郭华野总宪琇，康熙中，由江南县令行取御史。其劾明太傅珠一疏，至今为人传诵。闻其上疏时，适直太傅诞日，贺客满堂。郭公既递封事，出朝，即命驾之太傅宅求见。盖自行取入都，未尝一履时宰门。太傅闻其来，则大喜，不啻王毛仲之得宋璟也，急延之入，众愕然。胥谓此老崛（倔）强，何忽贬节若此？郭公入，长揖不拜，而数引其袖，若有所陈。太傅益喜，曰：“侍御亦有诗章相藻饰乎？”公正色曰：“非也，弹章耳。”因出疏草以进太傅，受读未毕，公徐徐长揖，曰：“郭琇无礼，应罚。”自饮一巨觥，趋而出。有顷，太傅听勘之旨下矣。嗟夫，使华野生于今日，亦不过追随二霖后，款段出都门耳。太傅虽以好货闻，然其优礼士大夫，又岂今人之所及耶！

一八　高文良公夫人之能诗

高文良公（其倬），为康熙朝名臣。其夫人蔡氏，名琬，字季玉，绥远将军毓荣之女，而尚书珽之妹也。将军平吴逆有大功，而尚书在雍正朝与李穆堂侍郎、谢梅庄侍御以名节相砥砺，为田文镜所构，下狱几死。夫人濡染家学，博极群书，诗词之外，兼通政术。文良扬历中外，奏疏文檄，出自闺中者居多。文良巡抚江苏，与总督某不合，屡为所倾，而文良卓然孤立，终不肯稍附和。偶咏白燕得句云：“有色何曾轻假借。”对句未就，属思久之。夫人询其故，具以告，乃援笔代为属，对曰：“不群终恐太分明。”盖风之也。夫人诗集不传，世仅传其《九华寺》一章曰：

萝壁松门一径深，题名犹记旧铺金。
苔生尘鼎无香火，经蚀僧厨有蠹蟫。
赤手屠鲸千载事，白头归佛一生心。
征南部曲今谁是，剩有枯禅守故林。

盖为绥远作也。方“三藩”之始叛也，朝廷犹沿开国故事，以诸王、贝勒督军，不肯委兵柄汉大臣，然是时去开国垂四十年，当时百战健将，代谢已尽。子孙袭爵者，席承平久，皆不知军旅为何事。即“八旗”劲旅，亦稍稍脆弱，致吴逆席卷湖南、江西，所至如破竹。诸大帅皆拥重兵，云集荆襄，不敢遣一旅渡江与贼角。幸三桂已老，颇持重，不敢轻进。使从诸将计，以偏师济江而北，胜负之数，未可知也。诸帅既无功，朝廷始不得不用汉人。于是绥远及赵、王诸将始乘时而起，克蒇大功。然满诸帅忌之愈甚，赵忠襄被劾，几不免。赖圣祖仁明，始得保全。而绥远竟罣吏议，夺爵削职。于是弃家归空门，谢绝宾客，长斋奉佛以终。九华寺实其杖锡处也。

一九　鸦片遗闻

人知道光朝烟禁之严，吸食者罪至缳首，而不知国初时，已禁令森严，特罪未至死耳。世宗时曾劝部议奏，通行禁止。贩者枷杖，再犯边远充军。偶读朱批谕旨，得一事，可备禁烟掌故：

> 雍正七年，福建巡抚刘世明奏称："漳州府知府李国治拿得行户陈远私贩鸦片三十四斤，业经拟以军罪。及臣提案亲讯，则据陈远供称，鸦片原系药材，与害人之鸦片烟并非同物，当传药商认验。佥称此系药材，为治痢必需之品，并不能害人。惟加入烟草同熬，始成鸦片烟。李国治妄以鸦片为鸦片姻（烟），甚属乖谬，应照故入人罪例，具本题参。"

云云。

阅之不禁失笑。执今日之人，而语以鸦片非鸦片烟，虽三尺童子，犹嗤其妄。而当时刘世明敢以此语欺谩于圣主之前，诚以当时吸食者绝少，尚不识鸦片为何物耳。然此物初入中国，宫禁先受其毒。明神宗三十年不召见廷臣，即为此物所累故也。以世宗之旧劳于外，而竟不知鸦片烟为何状。本朝家法之严明，于此益可见矣。

二〇　田文镜之幕客

田文镜在雍正朝为河东总督，得君之专，与李敏达、鄂文端为鼎足。一时大臣，无与伦比。世传其幕客邬某事颇奇特，因撮记之。

邬某者，绍兴人，习法家言，人称之为"邬先生"。文镜之开府河东也，罗而致之幕下。邬先生谓文镜曰："公欲为名督抚耶？抑仅为寻常督抚耶？"文镜曰："必为名督抚。”曰：“然则任我为之，公无掣我肘可耳。”文镜问将何为？曰：“吾将为公草一疏上奏，疏中一字不能令公见。此疏上，公事成矣。能相信否？”文镜知其可恃也，许之。则疏稿已夙具，因署文镜名上之，盖参隆科多之疏也。隆科多为世宗元舅，颇有机干。世宗之获当璧，隆科多与有力焉。既而恃功不法，骄恣日甚，上颇苦之，而中外大臣，无一敢言其罪者。邬先生固早窥知上意，故敢行之不疑。疏上，隆科多果获罪，而文镜宠遇日隆。而文镜以事与邬先生龃龉，渐不用其言。邬先生愤而辞去。自此文镜奏事，辄不当上意，数被谴责。不得已，使人求邬先生所在，以币聘之返。邬先生要以每日馈银五十两始肯至。文镜不得已，许之。邬先生始再至大梁，然不肯居抚署中。辰而入，酉而出。每至，见几上有红笺封元宝一铤，则欣然命笔；一日或偶阙，即翩然去。文镜益严惮之。圣眷渐如初。是时，上亦知邬先生在文镜幕中，文镜请安折至，有时辄批：“朕安，邬先生安否？”其声动九重如此。邬先生一身客大梁，无妻妾子女，每日所得之五十金，持之归，或以施振贫乏，或剧饮妓馆中，必不留一毫忽至次日也。后文镜卒，邬先生去大梁。他督抚闻邬先生名，争以厚币聘之，而竟不得所在。久之，或言邬先生已被召入禁中矣。

二一　于文襄出缺之异闻

金坛于文襄在高宗朝为汉首揆，执政最久，恩礼优渥。辅臣不由军功而锡世爵者，桐城张文和廷玉而外，文襄一人而已（新疆底定时，文襄以帷幄赞襄之劳，锡一等轻车都尉世职。），然世颇传其非考终者。云文襄晚年偶有小疾，请假数日，上遽赐以陀罗经被。文襄悟旨，即饮鸩死。往者，闻萍乡文道希学士谈此，方以为传闻之辞，绝无依据。顷者读武进管缄若侍御《韫山堂集》，有《代九卿公祭文襄文》中四语云："欲其速愈，载锡之参。欲其目睹，载赐之衾。"乃知陀罗经被之赏，固当时实录也。经被之为物，凡一、二品大员卒于京邸者，例皆有之，并非殊恩异数，以文襄膺眷之隆，身后奚虑不能得此，而必及其未死以前，冒豫凶事之戒，使其目睹以为快耶？此中殆必别有不可宣布之隐，故特藉两汉灾异策免三公故事，以曲全恩礼，如孝成之于翟方进耳。国朝雍正以前，汉大臣居政地者，虽无赫赫之功，然大抵硁硁自守，不肯以权势自肆。洎张文和当国，风气始一变，而文襄实承其衣钵。士大夫之浮薄者，纷纷趋其门下，权势赫奕，炙手可热。国初诸老刚正谨厚之风，至是乃如阙文乘马矣。裕陵之聪察，岂有不烛其隐者？文襄之祸，实由自取。昔文和晚年，以致仕归里，陛辞日要请宣布配享世宗朝廷之旨，致触圣怒，下诏谴责，撤其配享。及其薨也，以配享为先朝所许，复下诏还之，其用意殆与此举同。英主之驾驭臣工，真有非常情所能测度者也。

二二　来文端之知人

文端公来保为乾隆朝宰相，生平最善相马，一时有九方皋之目。乃其知人之明，亦有不易及者。文襄公兆惠微时甚贫窭，生未逾月，父母俱亡，育于姑家。七八岁时，已长大如成人，力敌百夫。偶过市，见群不逞聚殴一人，兆勃然，挥拳奋击，皆披靡鸟兽散。方欲追击，一道人从后掣其肘，即随之去。至西山深处一茅庵中，留教拳勇，且口授以兵法，半年乃归，姑以为已死也。既而入营就步粮，为街卒。文端兼摄步军统领，见诸卒泼水不过寻丈间，兆独远及数十丈外，异之。呼与语，甚戆；命鞭之，如击石焉。大呼曰："性耐刀锯耳，不堪鞭棰也。"文端见其状貌，已奇之；闻言，益大异。令明日至府面试，挽强命中，挥刀运石，力大无穷；与谈行军纪律，侃侃而言，动中窾要。文端益大喜。次日入朝见上，叩头贺曰："臣为国家得一奇士。街卒兆惠，其人虽微贱，真大将才也。"即日召见，命之射，九发皆中，立授一等侍卫。后平定西域，数建大功。

二三　大臣微行（二则）

（一）刘文正为民解难

刘文正之以宰相督中牟河工也，一夕出馆舍，微行河干，见乡民舆送秫秸者数十车，俱露宿河干。人、牛皆饥，疲莫能兴，老少相对饮泣。异而询之，则对曰：“吾等皆某县民也，去此三日程。奉县官檄，输送秫秸至此。而收料某委员，每车索钱数缗。钱不出，料不入。吾辈窭人，安所得钱？淹留已将旬日。所赍已罄，即欲逃归亦不可得，是以泣耳。”公闻言，疑信参半，乃语之曰：“吾亦来输料者，与某官手下人素相知，顷已缴矣。今当为汝等代缴之。”乃驱其一车去，至料厂，诣某委员处。某见其面目光泽，衣履鲜洁，疑为乡间富室也。乃倍索钱十余缗，公略与辨，辄大怒，令从者以鞭箠驱之出，而扣留其车牛。公急驰回馆，立命材官持令箭，缚某委员至，一面召河帅议事。某至，略诘数语，即命牵出斩之。河帅亟长跽为缓颊，良久乃命释回，以重杖杖之数十。荷以大校，枷号河干。诸厂委员悉震慑失次，而乡民输料者，随到随收，无敢稍留难矣。

（二）长牧庵相国智罢贪官

长牧庵相国麟巡抚浙江，闻仁和令某有贪墨声，乃微行访察之。一夕，遇令于途，直冲其卤薄（簿）而过。隶役方呵叱，令识为公，急降舆谢罪。公问何适，以巡夜对。公哂曰："时仅二鼓，出巡无乃太蚤？且巡夜所以诘奸，今汝盛陈仪卫，奸人方引避不暇，何巡察为？无已，其从我行乎？"乃悉屏从人，笑谈徐步。过一酒肆，曰："得无劳乎？与子且沽饮。"遂入据坐。问酒家迩来得利何如，对曰："利甚微，重以官司科派，动多亏本。"公曰："汝一细民，科派胡以及汝？"酒家颦蹙曰："父母官爱财若命，不论茶坊、酒肆，每月悉征常例。蠹役假虎威，且取盈焉。小民何以聊生。"因历述令之害民者十余事，不知即座上客也。公曰："据汝言，上官独无觉察乎？"曰："新巡抚闻颇爱民，然初到，一时何能具悉？小民亦胡敢越诉？"公略饮数杯，付酒钱出，笑语令曰："小人言多已甚，我不轻听。汝亦勿怒也。"行数十武，忽曰："此时正好徼巡，盍分道行矣？"令去，公复返至酒家，叩门求宿，对以非寓客处。公曰："固知之。我此来，非以求宿，特为护汝来耳。"酒家异其言，留之。夜半，剥啄声甚厉，启视，则里胥、县役持朱签，来拘卖酒者。公出应曰："我店东也。有犯我自当，与某无涉。"胥役固不识公，叱之曰："本官指名拘某，汝胡为者？"公强与俱至署。令升座，首唤酒家，公以毡笠蒙首，并绾登堂。令一见大骇，免冠叩首。公升座，索其印去，曰："省得一员摘印官也。"

二四　和珅供词

宣统庚戌秋，北游京师，从友人某枢密处，获睹嘉庆初故相和珅供词。用奏折楷书，犹是进呈旧物。惜仅存四纸，不过全案中千百之一。其讯与供亦多不相应，盖又非一日事矣。录而存之，以见当时狱事之梗概。

一纸系奉旨诘问事件，凡两条。

一问和珅："现在查抄你家产，所盖楠木房屋，僭侈逾制。并有多宝阁及隔段样式，皆仿照宁寿宫安设。如此僭妄不法，是何居心？"

一问和珅："昨将抄出你所藏珠宝进呈，珍珠手串有二百余串之多。大内所贮珠串尚只六十余串，你家转多至两三倍。并有大珠一颗，较之御用冠顶苍龙教子大珠更大。又真宝石顶十余个，并非你应戴之物，何以收贮如许之多？而整块大宝石，尤不计其数，且有极大为内府所无者，岂不是你贪黩证据么？"

一纸系和珅供词，凡三条。

> 奴才城内原不该有楠木房子、多宝阁及隔段式样。是奴才打发太监胡什图到宁寿宫看的式样，仿照盖造的。至楠木都是奴才自己买的，玻璃柱子、内陈设都是有的，总是奴才糊涂该死。

又：

珍珠手串，有福康安、海兰察、李侍尧给的。珠帽顶一个，也是海兰察给的。此外珍珠手串，原有二百余串之多。其馈送之人，一时记不清楚。宝石顶子，奴才将小些的给了丰绅殷德几个（丰绅殷德为和珅子，即尚和孝公主者）；其大些的，有福康安给的。至大珠顶，是奴才用四千余两银子，给佛宁额尔登布代买的，亦有福康安、海兰察给的。镶珠带头是穆腾额给的。蓝宝石带头系富纲给的。

又：

家中银子，有吏部郎中和精额于奴才女人死时，送过五百两。此外寅著、伊龄阿都送过，不记数目。其余送银的人甚多，自数百两至千余两不等，实在一时不能记忆。再肃亲王永锡袭爵时，彼时缊住原有承重孙，永锡系缊住之侄，恐不能袭王，曾给过奴才前门外铺面房两所。彼时外间不平之人纷纷议论。此事奴才也知道。以上俱是有的。

一纸亦系供词，而问词已失之，凡十四条。

大行太上皇帝龙驭宾天，安置寿皇殿是奴才年轻不懂事，未能想到。从前圣祖升遐时，寿皇殿未曾供俸（奉）御容，现在殿内已供御容，自然不应在此安置，这是奴才糊涂该死。

又：

六十年九月初二日，太上皇帝册封皇太子的时节，奴才先递如意，泄漏旨意，亦是有的。

又：

太上皇帝病重时，奴才将宫中秘事向外廷人员叙说，谈笑自若，也是有的。

又：

太上皇帝所批谕旨，奴才因字迹不甚认识，将折尾裁下，另拟进呈，也是有的。

又：

因出宫女子爱喜貌美，纳取作妾，也是有的。

又：

去年正月十四日，太上皇帝召见时，奴才因一时急迫，骑马进左门，至寿山口。诚如圣谕：“无父无君，莫此为甚。”奴才罪该万死。

又：

奴才家资、金银、房产，现奉查抄，可以查得来的，至银子约有数十万，一时记不清数目。实无千两一定（锭）的元宝，亦无笔一枝、墨一匣的暗号。

又：

蒙古王公，原奉谕旨，是未出痘的，不叫来京。奴才无论已未出痘，都不叫来，未能仰体皇上圣意。太上皇帝六十年来，抚绥外藩，深仁厚泽，外藩蒙古原该来的，总是奴才糊涂该死。

又：

因腿痛，有时坐了椅轿，抬入大内，是有的。又坐了大轿，抬入神武门，也是有的。

又：

军报到，迟延不即呈递，也是有的。

又：

苏凌阿年逾八旬，两耳重听。数年之间，由仓场侍郎用至大学士，兼理刑部尚书。伊系和琳儿女姻亲。这是奴才糊涂。（琳，珅弟也）

又：

铁保是阿桂保的，不与奴才相干。至伊犁将军保宁升授协辨大学士时，奴才因系边疆重地，是以奏明不叫来京。朱珪前在两广总督任内，因魁伦参奏洋盗案内，奉旨降调，奴才实不敢阻抑。

又：

前年管理刑部时，奉敕旨仍管户部。原叫管理户部紧要大事，后来奴才一人把持，实在糊涂该死。至福长安求补山东司书吏，奴才实不记得。

又：

胡季堂放外任，实系出自太上皇帝的旨意。至奴才管理刑部，于秋审情实缓决，每案都有批语。至九卿上班时，奴才在围上，并未上班。

又：

吴省兰、李潢、李光云都系奴才家的师傅，奴才还有何辨呢？至吴省兰声名狼藉，奴才实不知道，只求问他就是了。

又：

天津运同武鸿，原系卓异，交军机处记名。奴才因伊系捐纳出身，不行开列，也是有的。

又清单一纸，开列正珠小朝珠三十二盘、正珠念珠十七盘、正珠手串七串；红宝石四百五十六块，共重二百二十七两七分七厘；蓝宝石一百十三块，共重九十六两四钱六分八厘；金定（锭）、金叶二两平，共重二万六千八百八十二两；金银库所贮六千余两。

（按：此单与世传籍没清单多寡迥殊，当是初供，未肯吐实。惟正珠小朝珠一事，传抄本无之。）

二五　纪和珅遗事（四则）

（一）善咒术被祸

高宗纯皇帝之训政也，一日早朝已罢，单传和珅入见。珅至，则上皇南面坐，仁宗西向坐一小机。每日召见臣工皆如此。珅跪良久，上皇闭目，若熟寐然，口中喃喃有所语。上极力谛听，终不能解一字。久之，忽启目曰："其人何姓名？"珅应声对曰："高天德，苟文明。"上皇复闭目诵不辍。移时，始麾之出，不更问讯一语。上大骇愕。他日，密召珅问曰："汝前日召对，上皇作何语？汝所对六字，又作何解？"珅对曰："上皇所诵者，西域秘密咒也。诵此咒则所恶之人虽在数千里外，亦当无疾而死，或有奇祸。奴才闻上皇持此咒，知所欲咒者，必为教匪悍酋，故竟以此二人名对也。"上闻之，益骇。知珅亦娴此术，故上皇宾天后，数日即诛珅。

（二）擅取大内宝物

珅伏诛时，谕旨谓其私取大内宝物，此实录也。孙文靖士毅归自越南，待漏宫门外，与珅相直。珅问曰："公所持何物？"文靖曰："一鼻烟壶耳。"索视之，则明珠一粒，大如雀卵，雕成者也。珅赞不绝口，曰："以此相惠可乎？"文靖大窘曰："昨已奏闻矣，少选即当呈进。奈何？"珅微哂曰："相戏耳，公何见小如是？"阅数日，复相遇直庐。和语文靖："昨亦得一珠壶，不知视公所进奉者若何？"持示文靖，即前日物也。文靖方谓上赐，徐察之，并无其事。乃知珅出入禁庭，遇所喜之物，径携之以出，不复关白也。其权势之恣横如此。

（三）恃权敲诈

宫中某处陈设有碧玉盘，径尺许，上所最爱。一日为七阿哥所碎，大惧。其弟成亲王曰：“盍谋诸和相？必有所以策之。”于是同诣珅，述其事。珅故为难色，曰：“此物岂人间所有？吾其奈之何？”七阿哥益惧，失声哭。成邸知珅意所在，因招至僻处，与耳语良久，珅乃许之，谓七阿哥曰：“姑归而谋之，成否未可必。明日当于某处相见也。”及期往，珅已先在，出一盘相示，色泽尚在所碎者上，而径乃至尺五寸许。成邸兄弟感谢珅不置。乃知四方进御之物，上者悉入珅第，次者始入宫也。

（四）日食一珠

偶读《焦里堂忆书》，有“宰相食珠”一则，最为异闻，亟摭录之：

> 吴县有石远梅者，以贩珠为业，恒衷一小箧，锦囊缊裹，赤金为丸。破之，则大珠藏焉。重者一粒直二万金，次者直万金，最轻者犹直八千金。士大夫争购之，惟恐不得。问所用，则曰：“所以献和中堂者也。”中堂每日晨起，以珠作食。服珠后，则心窍通明，过目即记。一日之内，诸务纷沓，胸中了了，不少遗忘。珠之旧者与已穿孔者，服之皆无效。故海上采珠之人不惮风涛。今日百货，无如此物之奇昂者

也。

按：《周官》有供王食玉之说，今乃有供宰相食珠者，真异闻矣。西人所撰《金塔剖尸记》小说，载埃及女王格鲁巴坚锦帆张燕时，用酒化一珠而服之，人已惊为穷奢极汰。今和珅乃以此为常服之乐（药）饵，其汰不又在格鲁巴坚上万万耶！

二六　管韫山侍御之直节

管侍御以制艺雄一代。其《韫山堂稿》，百年以来，几于家弦户诵。士束发受书，无不知有管韫山者。而其气节事功，转为文名所掩。士之立身植学，以蕲传于后世者，其亦有幸有不幸哉。初，侍御数踬秋闱，中年始通籍，授户部主事。旋入直军机处，以才行受知阿文成。时和相已为军机大臣，赫奕冠一时。侍御时时持正论，折其牙角。和恨之甚，欲中以危法者屡矣。赖文成始终保全之。和于同列诸臣俱视之蔑如，独畏文成，故无如侍御何。侍御既传补御史，文成虑其以言贾祸，乃面奏：“军机章京唯管世铭一人谙练故事，下笔敏捷；世铭去，继之者无人。请以御史仍留军机处行走。”故事，军机传补御史，即退出直庐；若留，则不得上疏奏事也。侍御未引见时，已草疏数千言，备论和之奸状。引见归，急缮折，将于次日上之，而仍留军机处之命已下矣。侍御大失望，洎入直，谒文成，犹侘傺不平。文成慰之曰：“报称有日，胡必亟亟以言自显乎？且和相方得君，岂一疏所能仆？徒以取祸而已，于国事无补也。留有用之身，图异日之报称，不亦可乎？”侍御感其言，乃稍稍自晦。及文成薨，侍御亦旋下世，去和败时仅数月耳。

侍御《韫山堂诗》宗法杜、苏，不随俗靡。方袁随园之执牛耳于东南也，天下之士从之如市，侍御独不肯附和。尝赋诗以见志曰：

耆旧风流属此翁，一时月旦擅江东。
寸心自与康成异，不肯轻身事马融。

可谓婉而严矣。

二七　毕太夫人训子诗

国朝闺秀能诗词者多，而学术之渊纯，当以娄东毕太夫人为第一。夫人姓张氏，名藻，字子湘，秋帆制府之母也。其父本循吏，夫人禀承家学，湛深经术。制府之抚陕西也，太夫人留居山东，以诗贻之曰：

读书裕经纶，学古法政治。功业与文章，斯道非有二。汝久宦秦中，洊膺封圻寄。仰沐圣主恩，宠命九重贲。日夕为汝祈，冰渊慎惕厉。譬诸欂栌材，斫小则恐敝。又如任载车，失诚则惧踬。扪心五夜惭，报答奚所自。我闻经纬才，持重戒轻易。教敕无烦苛，廉察无苛细。勿胶柱纠缠，勿模棱附丽。端己厉清操，俭德风下惠。大法则小廉，积诚以去伪。西土民气淳，质朴鲜糜费。丰镐有遗音，人文郁炳蔚。况逢郅治隆，陶甄综万类。民力久普存，爱养在大吏。润泽因时宜，撙节善调理。古人树声名，根柢性情地。一一践其真，实心见实事。千秋照汗青，今古合符契。不负平生学，弗存温饱志。上酬高厚恩，下为家门庇。我家祖德诒，箕裘罔或坠。痛汝早失怙，遗教幸勿弃。叹我就衰年，垂老筋力瘁。曳杖看飞云，目断秦山翠。

二百七十字，尔雅深厚，粹然儒者之言，当为国朝闺秀诗第一。

太夫人之卒也，高宗尝赐御书“经训克家”四字以褒之，故制府遗集以《经训堂》名。惜制府晚年竟违母训，而谄事和珅。其督兵征苗时，又与福文襄比骄奢侈泰，库藏为虚，身后竟遭藉（籍）没之惨，而遗裔亦式微矣。制府尝以此诗手迹泐诸陕西抚署，昔曾得其拓本，今忆而录之。书作行楷，大半寸许，字体方严，殊不类闺阁手笔也。

二八　杨重英遗事

雍、乾之世，汉军阀阅以广州杨氏为最盛，而其后裔之受祸亦最惨。文乾当雍正中由河南布政使擢抚广东。当是时，田文镜势张甚，文乾力与撑距。尝脱王士俊之危，荐诸朝，卒为名臣，史艳称之。子应琚，乾隆中叶官云贵总督，拜满缺大学士，亦异数也。后以缅事失机，赐自裁。应琚子重英，官云南按察使，率兵驻滇、缅界上之新街，为缅人所虏。缅人絷重英，而纵其随员知县某某等两人归国。裕陵闻之，震怒，命执两员磔诸境上，不许入中国界一步。且谕令滇督，如他日重英归时，即照此办理。重英既被虏，终不肯入缅都，缅人因舍诸新街。缅王欲其降，譬说万端，卒不屈。王又盛饰其女以往，欲赘重英为婿，亦不可。重英在新街先后二十五年，足迹未出阈一步。后缅既乞和，且值裕陵七旬万寿，始释重英归国。甫及境，滇督某即遵前旨，执而梏之，不令入界。亟飞驰奏闻，时上春秋高，亦颇悔当时治此案过严，乃下诏旌重英之忠，谓其节过苏武，且令滇督驿送来京，预备召见。旨至滇，重英已病卒，不及生入玉门矣。重英被虏后，其眷属亦囚请室者二十五年，及是始赦出。

二九　尹嘉铨罪案异闻

博野尹侍郎元孚，生平学术恪守程、朱，为畿南巨儒。其子嘉铨，克嗣家学，由进士起家，官至京卿，晚年引疾家居。乾隆中叶，高庙南巡，嘉铨迎驾行在。忽奏请以其父元孚陪祀圣庙，并面求赏戴花翎。自言临行时，曾夸诩其妾，谓此行必得花翎；倘不得恩允，无以相见云。上大怒，褫职交大学士九卿科道严讯。嘉铨俯首引咎，自认为欺世盗名之小人，叩求立置重典。诸大臣覆奏，请援胡中藻例，处以极典。奉旨加恩，赐令自尽，子孙家属免其缘坐。而以其罪状宣示天下，以为伪儒之戒。

按：此案谕旨具载《东华录》及《圣训》，未尝有曲赦之言也。昨在京师，晤胶州逢福陔观察恩承，为言此案颠末，乃知嘉铨虽奉严旨，旋蒙赦宥。圣人之明罚敕法，而未尝不俯顺人情，操纵之神，固非下士所能知矣。逢君博雅好古，多识前言往行，语必有征，非传闻者比也。云其姻家某氏之先人，于乾隆中为刑部郎中，总司秋审。此案经其一手辨理，曾奉旨为《纪事》一篇。今其稿尚存某氏家中，逢君实亲见之。略云：

> 嘉铨既得罪，爰书已定之次日。上知某君之与嘉铨契也，特命某君往狱中宣旨。且赐御厨酒肴一席，命某君赍赴狱中，阳为己所携入，以与嘉铨饯别者。谕令酒罢毋遽就死。而先以嘉铨所言，暨饮食与否，亲自回奏，再俟后命。某君遵旨往。有顷复奏，谓“嘉铨谢恩就坐，颜色不乱，阳阳如平常。惟深自引咎，辜负圣恩而已。凡饮酒三杯，食火腿及肥肉各一

片”云云。上闻奏微哂。俄顷，命召嘉铨至，先数其罪，后乃宣旨，赦令归田。又问尚有何奏？嘉铨顿首，奏云：“臣蒙皇上天恩至于此极，感激之忱，靡可言喻。惟年逾七十，精力衰颓，无以图报。只有及未死之前，日夕焚香叩天，祝皇上万寿，国家升平。虽至耄期，誓不敢一日间断。”上大笑曰：“汝尚欲活至百年乎？”因挥之出。翼日，复召某君入见，赐酒食，即于御前就座，且命内监给纸笔，使某君将此案始末情形详细纪录。某君且饮啖且书，日旰始脱稿。上阅之，颇嘉许其详尽，即以赐之。

逢君所见，犹是当时呈进真本也。

三〇　吴縠人遗事

吴縠人祭酒《垂老诗稿》未刻入《有正味斋全集》。其子清鹏装为长卷。阮文达跋其后，云：“乾隆末，先生馆阿文成家。余时在京师，先生时有教益，为之泣下，人不知也。”数语颇回隐，似有不可明言者。世颇传文达进身由和珅。祭酒教益之言，殆为和氏发乎？和相贵盛时，慕祭酒名，欲招致门下，卒谢不往，和甚恨之。祭酒某科考差，卷入他大臣手，已入选矣，和重加披阅，见诗中有“照破万家寒”语，大言曰：“此卷有破家语，可进呈乎？”遽撤其卷，祭酒遂终身不得一差。

三一　刘文清姬人善书

诸城刘文清公之侧室黄夫人，能学公书，几乱真。包慎翁尝见其与公家书一册，笔笔精妙，真尤物也。叶廷琯《鸥波渔话》亦载此事，惟“黄”作“王”。云：“《渊雅堂集》有句云‘诗人老去莺莺在，甲秀题签见吉光’，注云‘王常为公题《甲秀堂法帖》签子，惕翁盖尝见之，故有是咏’。此文清逸事之最可传者。惟“黄”“王”互异，必有一讹。慎翁与文清交颇深，所见夫人迹最多，所载当不误也。”

三二　庞雪厓之遗爱

任邱庞雪厓先生垲，康熙朝诗人也，以翰林出守建宁。甫受事，浦城令以严苛激变，邑人乘夜焚册局，杀册书。先生闻信驰往，传学官、典史至，集诸生于明伦堂，数令罪，谕士民毋生乱。查仓库及册局，收未焚书册，变遂定。制府某，恶闽俗之悍，欲重惩之。而浦令与士绅有嫌，将罗织兴大狱。先生大言曰：“令实已甚，吾可杀人以媚人乎？”仅坐重辟一人，流二人而已，浦人尸祝之。呜呼！今安得其人耶？

三三 金简

曩客都门，助友人纂辑《会典》，检得一故事，绝可笑。乾隆某年月日，上谕内阁：

> 本日召见都统金简，见其补服，狮子尾端绣有小锦鸡一只。讶而问之，则对以“奴才以都统兼户部侍郎。侍郎系文职二品，然照例文武兼官，章服当从其尊者，故绣此以表兼综文武之恩荣耳”。章服乃国家大典，岂容任意儿戏！金简著交部议处。

此事殆可入笑苑，然亦可见当时重文轻武之心理矣。金简本朝鲜人，入仕中朝，隶内务府旗籍，一女入宫为嫔。后仕至尚书。为人精干有巧思，武英殿聚珍板程式，其所手创也。朝鲜人入仕中国，自唐已然。高仙芝乃至任将相、封王爵。而唐末崔致远，且登进士第，佐节度慕(幕)，入为朝官。后复启请还仕其国，亦曲许之。柔远之意，至为厚矣。明成祖贤妃权氏亦朝鲜人也。金简之仕于本朝，自非创举，但何以不入汉籍，不用本国籍，而必入内务府旗籍，则书缺有间，莫名其故矣。

三四 朱文正之迷信

大兴朱文正公晚年栖心道教，迷信最笃，居恒闭目养静，与客谈，亦不开眸。翰林院土地神相传为韩退之。公一日忽语人云："文公已受代去，代之者吴云岩殿撰鸿也。"一岁丁祭毕，公乘舆过祠门外，自舆中拱手曰："老前辈请了。"又自谓前身为文昌宫之盘陀石，故字曰"石君"，别号"盘陀老人"。有扶乩者，因言公乃文昌二世储君，于是有奏请加梓潼帝号、升中祀之举，卒以嘉庆六年行之。公尝直诞辰，诸门弟子称觞为祝，洪稚存太史与焉。酒半，忽袖出一文上寿，公固夙喜洪文，亟命读之。洪抗声朗诵，洋洋千言，多讥公迷信事，座客皆惊。洪独大笑叫绝，公遂大怒。洪坐是沦（论）谪，卒不振，然弗悔也。

三五　成得大逆案

成得者，内务府厨役也。仁宗驾幸圆明园，成得突起行刺，立被擒。上命诸王大臣六部九卿会讯之，默无一言，但云"事若成，则公等所坐之处，即我坐处"而已。上宽仁，不欲穷诘兴大狱，遂命并其二子诛之。得之处决也，已至市曹，缚诸桩，乃牵其两子至，一年十六、一十四，貌皆韶秀，盖尚在塾中读书也。至则促令向得叩首讫，先就刑。得瞑目不视，已乃割得耳鼻及乳，从左臂鱼鳞碎割；次及右臂以至胸背。初尚见血，继则血尽，只黄水而已。割上体竣，忽言曰："快些！"监刑者一人谓之曰："上有旨，令尔多受些罪。"遂瞑目不复言。讫不知何人所使也。禽得者为御前侍卫某额驸。额驸勇力为侍卫中第一人，尚不如得。尝与得校艺，以长二尺许木桩十余枚，排列为一行，植其半于地，坚筑之。桩相去各半尺许，额驸与得各卧于地，以腿横扫之，桩应腿而出。得一举腿，能扫去十二桩，额驸不过七桩而已。是日不知何以不敌，遂被擒。盖天威所临，早已褫其魄也。

三六　林清逆案异闻

嘉庆癸酉林清之乱，喋血禁门，毒流三辅，数月后乃克平定。国史皆谓变起仓卒，而不知先一岁已发露于台湾。特当时公卿大臣，不肯据实上闻耳。先是壬申春，泾县赵兵备崇华，摄台湾淡水同知。甫下车，即访获妖言惑众之高妈达。讯之，具供其同党刘林、祝现定以次年闰八月望夜在都下举事，徒党遍中外。刘林者，即林清原名也。兵备亟通详请奏。上官以其语不经，匿弗以闻，仅依寻常传布邪教律拟决。次年，都中之变果起，事起以九月十五。先一日，芦沟桥巡检已飞报祝现奉林清命，定次日午时入宫举事，党羽本日悉已入城。兼尹尚书某，犹以不可冒昧声张，致酿巨变斥之，亦不部署防卫云。前此成德逆案，虽仁庙至仁包荒，然其事卒疑莫能明。及是，山东金乡知县吴阶捕获逆目崔士俊，究出嘉庆八年，成德曾偕祝现至士俊家宿一月，御车者为支进才。始知成德本林清逆党，并无他故。而东抚以事属既往，删不入奏，遂使疑团至今莫释。

三七　汤文端遗事

萧山汤文端公金钊为嘉、道间名臣。相传未第时，其封翁设酒肆于镇市。除夕，诸客饮散，惟一叟独酌，漏三下，犹不言去。翁促之曰："今夕岁除，人各有事，客可归矣。"叟唏嘘曰："垂死之人，何以归为？"翁讶曰："叟何事为此言？愿明告我。"叟曰："余半生止一爱女，昨岁被奸人诱拐，近始得耗，知鬻诸京都和相国邸。欲往见之，而远道三千里，非徒手所能往，行死沟壑耳。"翁曰："附粮艘入都，不过十余金，我尚能为子谋之。"叟拜谢而去。明岁，出金资其行。至都见女，知为相国专房宠，诸姬莫敢争夕。问父何能来，叟告以故。是岁为乾隆某科乡试，时文端已为弟子员，方应举。相国疏其名，以授浙典试。遂领解，入都应礼部试。谒座主，语之曰："子之得解，和相力也。宜急往谢。"文端愕然，归即托病，匆匆南归。和败，始赴会试，成进士。

三八　杨忠武公遗事

道光十一年，回部酋长郡王衔伯克伊萨克入觐。伊萨克素强盛，雄长诸伯克，且有诱擒张格尔功，益骄侈自肆，舆马繁多。所经回疆诸城，诸伯克悉盛供张，以结其欢。比入关，犹责地方官供应弗少戢。时杨忠武公遇春为陕甘总督。忠武故督师回疆，诸回部皆仰若天神者也。伊酋将至，布政使白公将郊迎于数里外。公曰："毋须此，第视我行事。"明日，将入城，公遣牙官持令箭招之使入。伊萨克乃单骑从数人来。公令诸材官部卒有顶戴者，皆冠带华服，惟不佩刀，辕门外至堂下鹄列两行皆满。伊酋至辕门下马步行，见两旁官皆屏息立无声，伛偻不敢仰视。至堂下憩少时，有命入见。登堂，则堂上虚无人焉。一巡捕官导之行，历听事数重，乃至。公便服居一小室中高座，二童子侍侧，地施红罽。伊酋及门，未逾限，已跪地，摘帽叩头。公令一童子扶以入，赐小机命坐。伊酋至叩首，始敢就坐。公温语慰谕之，因自拂其髯曰："吾老矣，视在回疆时奚若？"曰："更精神。"公曰："汝亦老，须发加白矣。吾辈受大皇帝厚恩，当思及时报称，为子孙计，毋生它妄想。"伊又叩头曰："谨受教。"公乃谓之曰："大皇帝念汝，少住即行。无多带从者，宜往谒诸官，皆有食物犒汝，恣汝饮啖也。"随令一童子扶之出，伊酋汗流竟体，衷衣皆湿。上马行数十步，神始定。明日遽行，骑从减十之六。公它日语僚属曰："兰州为入关第一省会，当示以天朝威重，他省加礼，乃知恩也。"偶读此，感念前岁达赖入觐时事，不禁今昔之感，辄泚笔记之。

三九　梁山舟遗事

梁山舟学士，以书名乾、嘉间，平生深自矜重，不轻为人作。乾隆末，入都祝嘏，道出山东。闻人言运河盛涨，前途道阻，因诣抚军某公咨之。某公者，满洲旗籍也。相见，即盛言水势之大，因暂留居署内，馆之后圃，膳饩丰隆。惟出入必经抚军内室，殊苦不便。遂亦键户不出。抚军每三五日必来省。见则言水势未平，咨嗟不已。室中一无书籍，惟插架古法帖十数种，隃麋数十丸，缣素数百番而已。学士终日无事，因以翰墨为消遣。如是者匝月，架上楮墨亦略罄矣。一日，抚军入见，喜动颜色，曰："水已全退，可行矣。"遂张筵祖饯。酒半，忽顾架上楮素，叹曰："吾以王事鞅掌，友朋书债，皆堆积此间，何日始能清理耶。"学士乃言曰："吾在此无所事，已敬为代偿矣。"抚军佯惊曰："此皆远近名士慕我书名，展转请求者，今一旦为公污尽，奈何？"亟呼僮斥之去，更易新楮来。学士大愠，遽匆匆别去。既首途，则前驿并无水涨事，皆抚军饰词欺之耳，然莫明其故。久之，始悟廿余年前官翰林时，抚军方官笔帖式，尝以佳纸求书，学士拒而不许，今故为此狡狯以报之。学士后与人言及，犹愤愤。遣人往觇，则抚署中四壁琳琅，莫非学士手迹矣。此公可谓恶谑，然殊未伤雅。

成哲亲王曾为谢学士阶树作《黄庭经》小楷，为生平极精之作。旗下一都统见而爱之，乃以数十金购宋纸一卷，亲诣邸踶求，王颔之。翌日即送至。某都统讶其神速，方窃自喜。展视，了无一字，惟一角有蝇头小字三，猝不易辨。谛视之，则“你也配”三字而已。此则令人难堪矣。

四〇　李申耆遗事

申耆先生之令凤台也，凤台地瘠而民悍，多豪猾，为逋逃薮者相望。先生常骑健马，率乡勇巡行闾里。每出不意得盗魁，察其中有重气节、矜然诺者抚用之，盗以敛戢。嘉庆辛未，百文敏龄总制两江，适仪征有劫杀巨案，戕一家三命。文敏侦得盗魁为蒙城人，而匿于凤台。严檄两邑，限一月捕送。先生侦知容隐盗首之巨猾不受捕，乃召所抚用某役至内室，置酒饮之。酒半，怆然曰：“吾行解组归里矣，故召若来一痛饮耳。”某役怪其语不伦，请其故。先生出督檄示之。某曰：“此人匿某巨猾家，役故知之，惜力不能取耳。”先生曰：“若能取者，吾早以捕事属若矣。吾即去此，若亦不能终作好人，故与若作别耳。”语毕，潸然久之，某亦悲不自胜。良久，始曰：“有一策，姑试为之。公收役家属置之狱，而发朱签谕役往。三日不归，则役必死。役之妻若子，幸终身俾伺应夫人、公子。俾得延宗祀，于愿足矣。”先生诺之。猾家距城二十五里，某即日至。猾款之曰：“云泥路隔已三载，何幸辱临，得无为仪征案乎？”某慨然示之朱签。猾曰：

“其人诚在此，试招与共饮，商榷之。”盗魁出，则曰：“我君之新友，彼则旧友也。且我止一身，而彼一家。顾为新友一身，陷旧友一家乎？明日从入城矣。”次早，猾遣力士二十人，特（持）长矛护送，至城门而返。盖盗魁至骁勍，猾知某役之非敌也。先生方遣某去，即召匠制坚槛，集舁者护者百余人以待。某役俄引盗至，先生略诘姓名，即槛解蒙城，而躬自护送之。凤去蒙七十里，中道有镇，为两邑分界所。槛车入旅店，而先生降舆，当门坐。乡民闻官获大盗，争来观，环店外如堵。先生怡然谓之曰：“此大盗，千万官军所不能捕者，而我竟得之。他日当膺上赏，父老知我喜否？当置酒为我贺。”乃命取酒来，遍酌父老，且语之曰：“此贼精妖术，非我孰敌之者。彼与我战，力不敌，乃幻形为狐狸，思窜去，吾亦变虎追之。彼又变隼，欲高飞，吾又变大鹏追之。彼窘，将走投海，吾乃檄天将合捕之，又击以掌心雷，始因而就缚。”观者奇其语，皆环听不他瞬。久之，先生以大醉，始升舆去。是时，猾已遣健者数十人来劫，见先生方坐店门剧饮，遂出镇外俟。良久，先生舆始过。问槛犯何尚不来，从者答以在后徐行。猾党返至店，则先生方剧饮时，已排店后墙，舁槛车由间道急行，计且抵蒙矣。猾党乃废然返。先生即改乘快马，追槛车与俱，疾驰至蒙。会蒙令，联衔通详，声明凤台捕得，遵檄交蒙令转解归案。禀既发，先生始还凤。其次日，闻盗已越蒙狱去矣。蒙令先以亏帑事，奉督檄严诘；事未竟，又失盗，遂缢。先生尝语人曰："凤、颖、泗三郡，简壮者五千人，可方行天下，然唯其豪能用之。官用之，必帅至千里外。或客兵势盛，足相钤制，乃可。否则骄蹇难制，且为大患。"后数十年，捻匪乱起，人始思先生言。

四一　汤海秋之死

益阳汤海秋，道光时以少年捷科第，登言路，高才博学，声华藉甚。一时胜流，如曾文正公及王少鹤、魏默深、邵位西、梅伯言诸君子，皆与之交。海秋气甚豪，甫入台，旬日间数上封章，忤朝贵意。回部曹行走，郁郁不自得。乃研精箸（著）述，所为《浮邱子》尤自喜。一日诸友集其寓斋，或言大黄不可轻尝，如某某者，皆为庸医所误，服大黄致不起者也。海秋独曰："是何害？吾向者虽无疾，犹常服此；谓予不信，请尝试之。"趣命奚奴，速购大黄数两来。诸友苦止之，不可。及购至，海秋即连取六七钱许吞之。诸友竞起夺之，海秋犹攫得最巨者一块入口，且嚼且詈夺者。遂不欢而散。抵暮，遂泄泻不止。黎明，诸友趋往问疾，则已于中夜逝矣，时年仅四十有四。文正集中《祭海秋文》有曰："一呷之药，椓我天民。"盖纪实也。

四二　栗恭勤公遗事

浑源栗恭勤公毓美，道光朝名河臣也。少时状貌英俊，家贫，将废学，业师某明经赏其慧，却脩脯而留课之，与其子共读。明经一女，甚端丽，属意于公久矣，未之发也。比邻某富室子，亦请业于明经。公与明经子同室，而以对屋舍邻子。邻子窥女美，数求昏。明经既属意公，则峻却之。邻子怼而辞归。一夕，公与明经子饮，明经子醉，卧公榻，撼之不醒，遂易榻卧。次早公起，则明经子卧血泊中。视之，已丧元矣，骇极而号。明经奔视大痛，疑公所杀，控之官。县令察公不类杀人者，而一时不得主名，狱不能具，因长系之。邻子阚公入狱，仍以厚币求昏，择日迎娶。琴瑟甚敦，年余生一子。一日醉后笑向女曰："曩时不出辣手，胡以得君为妻？第苦若兄耳。"女大疑，因穷诘之。某自悔失言，坚不肯吐。女曰："但实言，今既偕伉俪矣，尚何讳为？"某始自承杀人状。盖某久歉公，计非杀之，不能得女。是夕，瞰两人酒醉，因持刀越墙而入，暗中摸得公榻，径断其首而出，不虞两人之易榻也。女闻言，夷然如平时。越日，乘某出门，取怀中儿绞杀之，而诣署鸣冤。令询得其状，亟捕某至，一讯而伏，立出公于狱。女慨然谓公曰："身既彼（被）辱，义不能复事君子。君他日名德必昌，幸自努力。"袖中出利刃，遽自刭死。公得释，明年补博士弟子，以拔贡官东河知县，洊至河督。公贵后，感女义，誓不再娶。得美玉，雕女主，恒佩之，数十年无须臾离。及官河督，以巡工夜宿吴家屯，遽感暴疾。地方官吏闻耗，亟来视，已不能言，数引手指其胸。探之，得所佩玉主，乃悟其意，欲以为殉也，颔之始瞑。初，河堤用石为之，而兖、豫间无大山，辇自数百里外，劳费百倍。及公莅任，奏改用砖，岁省费以数十万计，至今民尸祝之。

四三　前辈爱才之笃（二则）

（一）王菽原荐俞理初

嘉庆朝，士之以博洽闻于时者，北则张石洲穆，南则俞理初正燮，一时学人无及之者。理初举于乡，数困公车。某科阮文达典会试，都下士走相贺曰：“理初登第矣。”王菽原礼部为同考官，得一卷，惊喜曰：“此非理初不辨。”亟荐之。是日，文达适有小疾，未阅卷。副总裁汪文端公廷珍，素讲宋学，深疾汉学之迂诞。得礼部所荐卷，阳为激赏，俟礼部退，亟镉诸笥中，亦不言其故。及将发榜，文达料理试卷，诧曰：“何不见理初卷耶?”命各房搜遗卷。礼部进曰：“某日得一卷，必系理初手笔，已荐之汪公矣。”文达转诘文端，坚称不知。文达无如何，浩叹而已。榜后，理初往谒礼部，礼部持之痛哭，折节与论友朋，不敢以师礼自居。且赠诗四首，有云：“如是我闻真识曲，最难人说旧知名。”又云：“冥鸿已分翔寥廓，暮雨萧萧识此心。”其倾倒也至矣。理初所著书，初名《米盐录》，礼部为鸠赀选刻其半，易名《癸巳类稿》。

（二）刘申受、王菽原荐龚自珍、魏源

道光丙戌（戌）会试，刘申受先生为同考官，得龚定庵卷，狂喜，亟荐之。魏默深卷在某侍御房，某侍御得卷，犹疑不遽荐。礼部读其文而大异之，乃捉令亟荐。故默深于礼部终身有知己之感焉。然龚共魏竟皆下第。先生痛惜之，赠以诗云：

> 三江人文甲天下，如山明媚画嶙峋。
> 盎盎春溪比西子，浣花濯锦裁银云。
> 神禹开山铸九鼎，罔两颗伏归洪钧。
> 锋车西走十一郡，奇祥异瑞罗缤纷。
> 兹登新堂六十俊[①]，就中五丁神力尤轮囷。
> 红霞喷薄作星火，元气蓊蔚晖朝暾。
> 骨惊心折且挥泪，练时良吉斋肃陈。
> 经旬不寐探消息，那知铩羽投边尘。
> 文字辽海沙虫耳，司中司命何欢嗔。
> 更有无双国士长沙子，孕育汉魏真精神。
> 尤精选理跞鲍谢，暗中剑气腾龙鳞。
> 侍御披沙豁双眼，手持示我咨嗟频[②]。
> 翩然双凤冥空碧，会见应运翔丹宸。

萍踪絮影亦偶尔，且看明日走马埴城闉。

自注：

①浙卷七百余人，余独分得六十卷。

②湖南九四卷五策冠场，文更高妙，予决其为魏君源。

定庵是岁三十有五，后三年，始捷南宫。礼部即卒于是年。默深至乙巳始登第，则礼部不及见矣。

四四　内务府縻费

满员之任京秩者，以内务府为至优厚。相传承平时，内府堂郎中岁入可二百万金。近年内务府大臣多由堂郎中积资升擢。如立山之多藏厚亡，亦以任堂郎中最久，家资累千万，故为拳匪所瞰也。乾隆朝，汪文端公由敦一日召见，上从容问："卿昧爽趋朝，在家亦曾用点心否？"文端对曰："臣家计贫，每晨餐不过鸡子四枚而已。"上愕然曰："鸡子一枚需十金，四枚则四十金矣。朕尚不敢如此纵欲，卿乃自言贫乎？"文端不敢质言，则诡词以对曰："外间所售鸡子，皆残破不中上供者。臣故能以贱直得之，每枚不过数文而已。"上乃颔之。列朝惟宣庙最崇俭德，道光三十年间，内府岁出之额不过二十万。堂司各官，皆有臣朔欲死之叹。上一日思食片儿汤，令膳房进之。次晨，内务府即递封奏，请添置御膳房一所，专供此物，尚须设专官管理，计开辨费若干万金。常年经费，又数千金。上乃曰：“无尔，前门外某饭馆制此最佳，一碗直四十文耳。可令内竖往购之。”半日，复奏曰：“某饭馆已关闭多年矣。”上无如何，但太息曰：“朕终不以口腹之故，妄费一钱而已。”以万乘之尊，欲求一食物而不得，可慨也。同治时，穆宗大昏，购皮箱一对，亦寻常市上物，不过数十金者。而报销至每对九千余两，文文忠力争之，不能得也。

四五　道光时南河官吏之侈汰

铜瓦厢河决以前，治河有两总督，北督驻济宁，南督驻清江浦。北河事简费绌，繁剧迥逊南河。方道光中叶，天下无事，物力丰厚，南河岁修经费，每年五六百万金，然实用之工程者，不及十分之一，其余悉以供官吏之挥霍。一时饮食衣服，车马玩好，莫不斗奇逞巧，其奢汰有帝王所不及者。河防如是，普通吏治，益可想见，宜乎大乱之成，痛毒遂遍于海内也。某河帅尝宴客，进豚肉一簋，众宾无不叹赏，但觉其精美，迥非凡品而已。宴罢，一客起入厕，见死豚数十，枕藉院中。惊询其故，乃知顷所食之一簋，即此数十豚背肉集腋而成者也。其法闭豚于室，屠者数人，各持一竿，追而挟之。豚负痛，必叫号奔走；走愈亟，挞愈甚。待其力竭而毙，亟刲背肉一脔。复及他豚，计死五十余豚，始足供一席之用。盖豚背受挟，以全力护痛，则全体精华，皆萃于背脊一处，甘腴无比。而余肉则皆腥恶失味，不堪复充烹饪，尽委而弃之矣。客闻之，不觉惨然。宰夫夷然笑曰：“穷措大眼光，何小至是？吾执爨甫两月，已手刲数千豕矣。此区区者，曾何足顾问耶？”

其烹鹅掌之法，用铁笼笼鹅于地，而炽炭其下，旁置醯酱之属。有顷地热，鹅环走，不胜痛，辄饮醯酱自救。及其死，则全身脂膏萃于两掌，厚可数寸，而余肉悉不堪食矣。有食驼峰者，选壮健橐驼，缚之于柱，以沸汤浇其背，立死。菁华皆在一峰，而全驼可弃。一席所需，恒毙三四驼。又有吸猴脑之法，尤为惨酷。选俊猴，被之锦衣，穴方桌为圆孔，纳猴首孔中，柱之以木，使不能进退，乃以刀剃其毛，刮其皮。猴不胜痛楚，叫号声极哀，然后以沸汤灌其顶，用铁椎击破颅骨，诸客各以银勺入猴首中，探其脑吸之。每客所吸，不过三二勺而已。此不过略举一二，其他珍怪之品，莫不称是。甚至食一豆腐，而制法至有数十种之多。且须于数月前购集材料，选派工人，统计所需，非数百金不能餐来其一箸也。食品既繁，一席之宴，恒历三昼夜不能毕。故河工燕客，往往酒阑人倦，各自引去，从未有终席者。

各厅署自元旦讫除夕，非国忌无日不演剧。每署幕客数十百人，游客或困顿无聊，乞得上官一刺以投厅，泛各署，无不立即延请。有宾主数年曾未一谋面者，幕友终岁无事事。主人夏馈冰金，冬馈炭金，佳节馈节敬，逾旬月必馈燕席。幕中人为樗蒱戏者，得赴账房支费，皆有常例。防泛紧急时，有一人得派赴工次三五日者，同人争羡，以为至荣。其归也，主人必有酬劳，百金至数百金不等。其久驻工次，与署中有执事之幕客，沾润尤肥，非主人所亲厚者，不能得也。新翰林携朝贵一纸书谒河帅，河帅为之登高一呼，万金可咄嗟致。举人、拔贡携京员一纸书谒库道者，千金可立致也。骄奢淫泆，一至于此。此真有史以来所未闻者，酿成大劫，不亦宜乎！

四六　曹、杜两相得谥“文正”之由

国朝汉大臣，易名得正字者凡八人：一汤睢州、二刘诸城、三朱大兴、四曹歙县、五杜滨州、六曾湘乡、七李高阳、八孙寿州。较宋、明两朝，过之倍蓰。呜呼盛矣！综而论之，刘、曾之道德功业，洵足当正字而无愧。睢州之为人，有谓其为伪君子者。大兴晚年耽嗜宗教，自谓能与吕仙问答，其事甚怪。其饰终之典，所以备极宠荣者，则以和相弄权时，大兴于仁庙实有调护之功耳。此其事人人所习知。寿州则无毁无誉之愿人，于国事无大关系，姑不具论。若歙县、滨州两公，则于国家治乱之关、三朝授受之际，实有非常绝大之关系。天下之士，或有未尽悉其始末者，爰追忆曩时所闻师友之绪论，泚笔纪之，亦三朝得失之林也。

宣宗成皇帝在位三十年，衣非三浣弗易。宫中用款，岁不逾二十万。内务府堂司各官，皆贫困欲死，其俭德实三代后第一人。汉之文帝、宋之仁宗莫能及也。然而三十年中，吏治日偷，民生日困，势穷事极，酿成兵祸，外扰海疆，内兴赭寇，遂以开千古未有之变局，所谓上有尧舜之君，而下皆共鲧之佐者，真道光朝之谓矣。夫以宣庙之圣明，何至不知吏治之偷，民生之困？所以然者，由言路之壅塞致之。而言路所由壅塞，则皆歙县一人之力耳。上晚年颇倦勤，而一时言官，多好毛举细故，相率为浮滥冗琐之文以塞责。上初犹勉强延纳，久益厌之，欲惩戒一二，以警其余，则又恐言路为之沮格。歙县以汉首相直军机，上一日从容语及之，歙县因造膝密陈曰："是无难。凡言官所上章疏，无问所言何事，但摘出一二破体疑误之字，交部察议，惩戒一二人。言者必骇服圣衷之周密。虽一二笔误，犹不肯轻易放过，况其有关系之大者？嗣后自不敢妄逞笔锋，轻上封事矣。在上无拒谏之疑，而可以杜妄言者之口，计无便于此者。"上闻奏大喜，如其所言。未几，言官相戒，以言事为厉禁，而科道两署七八十人，皆寒蝉仗马矣。歙县之巧伺人主意旨，藉公论以逞私意者，率皆类此。上天性仁厚，以其外观之忠谨也，绝不之疑。虽有言其奸者，上亦不肯信。及其殁也，犹痛惜之，赐恤恩旨，有"献可替否而人不知"之语，盖其所以固宠者深矣。嘉庆以前，殿廷考试，大臣奉派阅卷，皆先文词而后书法，未有摘一二破体字，而抑高文于劣等者。至歙县始用此术衡文，不但文词之工拙在所不计，即书法之优劣，亦不关重要，但通体圆整，无一点画讹错，即可登上第。盖当时承乾嘉考证学派之余波，士子为文，皆以博奥典实相尚。歙县素不学，试卷稍古雅者，辄不得其解，故深恶而痛绝之。后来主文衡者，乐其简易，相率效尤，于是文体颓而学术因之不振矣。道、咸两朝功令文字最为卑陋，皆歙县一人启之也。祁文端既贵，以小学提倡后进，辇下学派始稍稍振起，然远逊乾、嘉之盛矣。（此条闻诸文道希学士。）

达县吴季清先生，友一内务府老司官旗人某君，年七十余矣。通籍道光末，历事四朝，内廷故事綦熟。尝为述道、咸间遗事，多人间所不得知者。云宣庙晚年，最钟爱恭忠亲王，欲以大业付之。金合缄名时，几书恭王名者数矣。以文宗贤，且居长，故逡巡未决。滨州时在上书房行走，适授文宗读，微窥上意所在，欲拥戴文宗，以建非常之勋。一日，上命诸皇子校猎南苑。故事：皇子方读书者，奉命外出，临行时，必诣师傅处请假，所以尊师也。是日，文宗至上书房，左右适无人，惟滨州一人独坐斋中。文宗入，行礼毕。皇子见师傅，皆长揖。问将何往，以奉命校猎对。滨州乃耳语曰："阿哥至围场中，但坐观他人驰射，万勿发一枪一矢。并当约束从人，不得捕一生物。复命时，上若问及，但对以时方春和，鸟兽字育，不忍伤生命，以干天和。且不欲以弓马一日之长，与诸弟竞争也。阿哥第以此对，必能上契圣心。此一生荣枯关头，当切记无忽也。"文宗既至围所，如所嘱行之。是日，恭王得禽兽最多，方顾盼自喜，见文宗默坐，从者悉垂手侍立，怪之，问其故，文宗曰："吾无他，但今日适不快，弗敢驰逐耳。"日暮归复命，文宗独无所献。上询之，具如滨州所教以对，上大喜曰："是真有君人之度矣。"立储之议遂决。后数岁，宣庙上宾，文宗甫御极，即晋滨州为协揆，未及正纶扉而遽薨逝。上闻讣，为之失声，亲往奠醊。追赠太师，予谥文正，饰终之典，悉视大学士例有加。嘉、道以来，汉大臣追赠太师者，仅公一人而已。盖非惟追怀典学之勤，亦以报其拥戴之勋也。国朝列圣之文学，以文宗为最优，盖亦滨州启沃之力云。

四七　穆相权势之重（三则）

（一）穆相有回天之权力

顺德罗椒生尚书（惇衍）、泾阳张文毅公（芾）、云南何根云制府（桂清），三人同年登第，入翰林，年皆未弱冠，且同出汤海秋农部房。海秋为之狂喜，赋《三少年行》者也。时道光末造，穆鹤舫相国（彰阿）执政，炙手可热。张、何两公皆附之，独椒生尚书绝不与通。散馆后，初考试差，三人皆得差。命既下，尚书往谒潘文恭，文恭问见穆中堂否。曰："未也。"文恭骇然曰："子未见穆相，先来见我，殆矣。"尚书少年气盛，不信其说，亦竟不往。次日，忽传旨："罗惇衍年纪太轻，未可胜衡文之任，著毋庸前往，另派某去。”人皆知穆所为也。其权力回天如此。国朝已放差而收回成命者，尚书一人而已。实则张、何之年皆小于罗也。（考是年《登科录》，罗十九、张十八、何十七。）

（二）专主五口通商条约

道光末，五口通商之约，穆一人实专主之。王文恪既薨，祁文端尚力争。然文端在军机为后进，且汉大臣不能决事，故穆愈得志。然王、祁两公之忠，宣庙未尝不深知之。传闻和局既定，上退朝后，负手行便殿阶上，一日夜未尝暂息，侍者但闻太息声。漏下五鼓，上忽顿足长叹，旋入殿，以朱笔草草书一纸，封缄甚固。时宫门未启，命内侍持往枢廷。戒之曰：“俟穆彰阿入直，即以授之。”并嘱其毋为祁寯藻所知，盖即谕议和诸大臣画押订约之廷寄也。自是上遂忽忽不乐，以至弃天下。

（三）王文恪尸谏不果

蒲城王文恪公鼎，道光末以争和议，效史鱼尸谏，自缢死。其遗疏严劾穆相彰阿。穆大惧，令其门下士以千金啖文恪公子伉，且以危词胁之。遂取其遗疏去，而别易一稿以进。人皆知为泾阳张文毅芾所为，而不知其谋实定于文毅同县人聂沄之手。聂字雨帆，以拔贡朝考一等，官户部主事，入直军机处，为穆相所深倚。既得文恪遗疏，穆相面许以大魁酬之。是时聂已捷京兆试矣。及礼部试届期，穆相授以关节，且遍嘱四总裁、十八同考官。时同考官有某侍御者，晋人也，夙倔强，生平未尝趋谒穆相，得穆嘱，阳诺之。

及入闱，聂卷适分某侍御房，侍御亟扃诸箧中，而固镝之。榜既定，独不得聂卷。主司房考相顾错愕，群知为侍御所匿也。因议搜遗卷，至某侍御房，侍御故为侘傺状曰："吾某夕不谨，致一卷为火所烬，榜发后不得不自请议处矣。公等所求者，得非即此卷乎？"众知无可为，废然而返。聂此岁亦补缺，不复应礼部试。后聂官至太常少卿。穆败，聂亦谢病归。□□之乱，首扰泾阳。泾阳为西北商旅所辐辏，繁盛亚汉皋，贼故首趋之。众谋城守，议广积刍粟。聂以官贵为众绅领袖，谓贼可旦夕平，城决无久守理。而其家有积粟数千石，可规善价也。乃倡议贼方苦乏食，故所至钞掠。今积粟城中，是招之使来也。力争不令一粟得入城。后贼围城年余，城中食尽，守御具一无缺，独人皆饿仆，莫能乘城。城遂陷，所失以数千万计。泾阳不守，而西北之元气尽矣。嗟夫，佥壬之为祸也烈哉。文恪诸子既卖其父，后来文恪墓志撰文者仍穆彰阿也，于力争和议事，竟不及一字，文恪其不瞑矣。

四八　张船山侍御之直节

遂宁张船山先生，书画妙一时，性伉爽，无城府，由检讨迁御史。上官日，连上三疏，一劾六部九卿，一劾天下各督抚，一劾河漕盐政。或谓之曰："子不虑结怨中外乎？"先生笑曰："我所责难者，皆大臣名臣事业。其思为大臣、名臣者，方且感我为达其意；若无意于此者，吾将其身分抬高至于如此，惭愧之不暇，又何暇怨我乎？"先生尝画一鹰，题一断句云：

奇鹰瞥然来，掀身在高树。
风动乍低头，沉思击何处。

读此诗可想见其风采矣。

四九　道光朝两儒将

道光季年，英吉利扰浙海。定海之陷，三总兵死焉。三总兵者，山阴葛壮节公云飞、湖南凤皇厅郑忠节公国鸿、宁河王刚节公锡朋也。郑、葛两公皆以儒将著。葛公有《四十自伤》诗，为人传诵。其诗曰：

马不嘶风剑不鸣，等闲已老健儿身。
近来不敢窥明镜，恐照头颅白发新。

烈士暮年，壮心不已，足与岳忠武《满江红》词"莫等闲，白了少年头"之句后先辉映矣。葛公之授命也，义勇徐保求其尸，得诸竹山门下。时雨霁月明，见公立崖石前，半面已为贼削去，左目犹睒睒如生。欲负之行，不能起，拜而祝曰："盍归见太夫人乎?"乃行。呜呼，敌忾之志，将母之忧，殁而犹不能忘哉！郑公文学甚优，而尤精经术，著有《诗经疏义》行世。

五〇　文宗挽林文忠联

林文忠之薨也，文宗御制联语挽之曰：

答君恩清慎忠勤，数十年尽瘁不遑。解组归来，犹自心存军国；

殚臣力崎岖险阻，六千里出师未捷。骑箕化去，空教泪洒英雄。

读之者莫不感泣。世传文忠居恒，常自诵"苟利国家生死以，岂因祸福避趋之"两语不置，不知为成句，仰为文忠自撰也。

五一　林文忠公遗诗

林文忠诗不多作，而劲气直达、音节高朗，最近有明七子。相传公戍新疆时，有《出嘉峪关》四律云：

其一

雄关百尺界天西，万里征人驻马蹄。
飞阁遥连秦树直，缭垣斜压陇云低。
天山巉削摩肩立，瀚海苍茫入望迷。
谁道殽函千古险，回看只是一丸泥。

其二

东西尉候往来通，博望星槎笑凿空。
塞下传笳歌《敕勒》，楼头倚剑接空同。
长城饮马寒宵月，古戍盘雕大漠风。
除是卢龙山海险，东南谁比此关雄。

其三

敦煌旧戍委荒烟，今日阳关古酒泉。
不比鸿沟分汉地，全收雁碛入尧天。
威宣贰负陈尸后，疆拓匈奴断臂前。
西域若非神武定，如何此地罢防边。

其四

一骑才过即闭关，中原回首泪痕潸。
弃繻人去谁能识，投笔成功老亦还。
夺得焉支颜色冷，唱残杨柳鬓毛斑。
我来别有征途感，不为衰龄盼赐环。

卷 中

五二 林、邓唱和诗词（三则）

（一）风情词

文忠不以文学名，而余事倚声，亦入南宋之室。其《月华清·和邓嶰筠尚书沙角眺月韵》云：

穴底龙眠，沙头鸥静，镜奁开出云际。万里晴同，独喜素娥来此。认前身金粟飘香，拚今夕羽衣扶醉。无事更凭阑，想望谁家天际。　忆逐承明队里，正烛撤玉堂，月明珠市。鞅掌星驰，争此软尘风细。问姻楼撞破何时，怪灯影照他无睡。宵霁，念高寒玉宇，在长安里。

《喝火令·和嶰筠》云：

院静风帘卷，篁疏月影捎。闲拈新拍按琼箫，惹得隔墙眠柳，齐袅小蛮腰。　　自辟清凉界，斜通宛转桥。家山休怅秣陵遥，翦取吴纨，写取旧烟梢。唤取幽禽入画，相对舞云翘。

风情如许，亦复何减欧、范。

（二）咏焚鸦片词

嶰筠尚书讳廷桢，江宁人。文忠由江督使粤，治鸦片案，尚书实为粤督，两公志同道合，誓澹沈灾。权贵忌文忠，因并及尚书，两公先后戍边，而粤事遂不可为矣。尚书督粤时，有《高阳台》一首，即咏文忠焚鸦片事也。词云：

鸦度冥冥，花飞片片，春城何处轻烟。膏腻铜盘，枉猜绣榻闲眠。九微夜爇星星火，误瑶窗多少华年。更那堪一道银潢，去贷天钱。　　星查恰到牵牛渚，叹十三楼上，暝色凄然。望断红墙，青鸾消息谁边。珊瑚网结千丝密，乍收来万斛珠圆。指沧波细雨归帆，明月空舷。

已亥岁除，文忠留镇两粤，而尚书移督两江。持节乡里，人尤荣之。二公以庚子元旦受代。其临行时，留别文忠。有《换巢鸾凤》一首云：

梅岭烟宵，正南枝意懒，北蕊香饶。甚因催燕睇，底事趁鸿遥。头番消息恰春明，蓼汀杏梁。青云换巢离亭柳，漫绾线系入兰棹。　思悄，波渺渺。箫鼓月明，何处长安道。洗手谙姑，画眉询婿，三日情怀应恼。新妇无端置车帷，故山还许寻芳草。珠瀛清杳，襟期两地都晓。

此两则皆可入《词林纪事》中。尚书在新疆时，有《百字令》一首祭东坡生日云：

九疑云黯，更忽忽去跨，南飞孤鹤。天上琼楼寒自好，偏向琼田飘泊。磨蝎身宫，飞鸿爪迹，生气还如昨。海山兜率，旧游应许寻着。　侬亦珠峤余生，乘风缥缈，来听龟兹乐。一种天涯萍与絮，腰笛而今零落。北府兵销，西州路远，归梦时时错。华年知几，翠尊聊为公酌。

宋于廷序《尚书词集》，谓其通籍以至持节，居处饮食，无改寒素。惟于音律殆由夙授，分寸节度，有顾曲风，于古人之词，靡不博综。所自制则雍容和雅，纤掔之音，逖滥之响，无从犯其笔端。所存无多，所托甚远，非过誉也。文忠少尚书十岁，尝言尚书年已七十而细书精妙，犹不肯用叆叇，足见先辈养气之厚。

（三）　还朝唱和诗

尚书赐环（还），先文忠一年。文忠以诗送之曰：

得脱穹庐似脱围，一鞭先著喜公归。
白头到此同休戚，青史凭谁定是非。
漫道识途仍骥伏，都从遵渚羡鸿飞。
天山古雪成秋水，替浣劳臣短后衣。

回首沧溟共泪痕，雷霆雨露总君恩。
魂招精卫曾忘死，病起维摩幸告存。
歧路又歧空有感，客中送客转无言。
玉堂应是回翔地，不仅生还入玉门。
（尚书由谪籍赏编修还朝，故云。）

尚书亦有和诗云：

秋净天山正合围，忽传宽大许东归。
余生幸保精魂在，往日沈思事业非。
遇雨群疑知并释，抟风独翼让先飞。
河梁自古伤心地，无那分携泪满衣。

事如春梦本无痕，绝塞生还独戴恩。
未必茝兰香共擘，要留姜桂性常存。
百年多难思招隐，半壁殷忧敢放言。

此去刀镮听续唱，迟公归骑向青门。

五三　陶文毅识左文襄

左文襄之初举秋试也，礼部报罢回籍。侘傺甚，馆醴陵书院山长，脩脯至菲，几无以给朝夕。时安化陶文毅公方督两江，乞假回籍省墓。是时轮舶未通，吴楚往来皆遵陆取道江西。文毅圣眷方隆，奉优诏驰驿回籍，地方官吏供张悉有加。醴陵为赣、湘两省孔道，县令特假书院为行馆，嘱文襄撰书楹帖。其上房之联曰："春殿语从容，廿载家山，印心石在；大江流日夜，八州子弟，翘首公归。"印心者，文毅家有古石一，其形正方，名之曰印心石，故文毅斋名，即以"印心石屋"命之。召见时，慕陵尝从容询及也。文毅睹楹帖，激赏不已。问县令孰所撰，令具以文襄名字对，即遣舆马迎之至，谈一日夜，大洽。立延入幕府，礼以上宾。文毅得子晚，其公子尚在髫龄，而文襄有一女，年与相若。文毅一日置酒，邀文襄至。酒半，为述求婚意，文襄逊谢不敢当。文毅曰："君毋然。君他日功名，必在老夫上。吾老而子幼，不及睹其成立，欲以教诲累君。且将以家事相付托也。文襄知不可辞，即慨然允诺。未几，文毅骑箕，文襄经纪丧事，挈公子归里，亲为课读，且部署其家事。内外井井，如文毅在时。陶氏族人，欺公子年幼，群谋染指。赖文襄为之御侮，得无事。文毅藏书綦富，文襄暇日，皆遍读之，学力由是日进。一生勋业，盖悉植基于是时也。

五四　桂林寇警轶闻

粤西抚幕有陈君者，年八十余矣，在抚幕数十年。金田之乱，固所目击。尝为人述粤匪围桂林时事，至可骇笑。省城被围先后三年余。于时抚桂者为长沙劳文毅公崇光。所恃以为守者，抚署亲军三百余人，武巡捕某弁统之，民团五百余人，绅士张某统之，驻城中。湖南援军千余人，驻城外。贼虽围城，实未尝一日进攻，盖其精锐已悉数北趋，留桂林者，半属老弱罢病，本不欲战，聊以牵制而已。土人初尚畏贼，久之，乃与贼相忘。省城四门扃其三，惟开西门，以通樵采。民或出城，路经贼垒，贼亦不过问。贼中食物偶缺，亦时时入城购买，长发鬖鬖然，红布帕首，游行街市间。人共知其为贼，贼亦不自讳。城中大小将校，皆与贼通款曲，酬酢往来。而团总张绅，踪迹尤密。令节朔望，贼营常置酒，招张绅与诸官饮。张绅诸官，皆坦然赴之，醉饱而归。亦时时置酒请贼目，以答其意。惟必在城外，不敢公然延客入城而已。桂林被围久，饷源断绝，公私埽地赤立，主客军不满二千人，欠饷皆积年未发。军士知其不可得也，亦相与安之。文毅一日怒某弁，诟之甚厉。某弁不能堪，怏怏出，语军士曰："当此世界，犹向我辈使上官身分耶！吾行即辞差，不能郁郁久居此矣。"众皆曰："君去，固不敢留，然吾辈欠饷如何者?”某弁曰：“吾已失欢于大帅矣，安能更索欠饷？君辈自向大帅理论可耳。”于是有数人据抚署大堂，自诉饥苦者，俄而增至数十人，噪声渐厉。文毅在内室闻之，则自出弹压。甫及门，矛锋已自门内出矣，始悚然退归。召某弁至，谯让之，使以大义安慰众心。某弁辞不往，文毅大怒，乃坐以激变军心，而下诸临桂狱。别简一人为亲军督，一面令司道府县安抚变兵，许以饷至即发。诸军士亦本不欲与巡抚为难，聊藉此为戏，以抒其愤悆而已。得诸官抚慰，亦遂散去。如是者又数月，某弁被禁久，意忽忽不自聊。一日忽上书文毅，自称从戎数年，一无建树，中路蹉跌，实所不甘。与其羁死囹圄，何如战死沙场。倘蒙恩释出，当率所部杀敌致果以报。文毅得书，笑曰：“某特欲出耳。然果能出战，亦大佳事。”即召之至，面奖其勇敢，谓曰：“汝所将特三百人耳，乌能与贼战?”某弁曰：“尚有张绅所统团练五百人在，可令彼为后劲。某当力效前驱。”文毅首肯，即以令箭召张绅至，语以故。张绅大惊，念今日乃言战耶？然不敢违巡抚令，姑许诺。遂相率出城，压贼垒而阵，鸣鼓大噪。贼出视，亦大惊。迎谓曰：“彼此相安，耦俱无猜久矣。今奈何遽以此面目相向耶?”某弁不答，麾众直前搏战，贼始知其真欲战也，亦蜂拥拒敌。不食顷，某弁与三百人者，遂皆并命称国殇矣。张绅徐至，顿足曰：“今兹败矣，某弁全军覆没，吾何以复命?”痴立良久，即驰去，径赴贼垒，令从者以被掳归报。团勇皆桂林城中无赖子，惟张绅能统驭之。张绅既去，军无统率，诸军士日为暴闾市，官吏不敢诘。命他绅接统，则皆辞以不能。文毅无如何，则谋赎回张绅。乃遣使者，诣贼营商之。贼目允赎，而要以大炮四尊、红绉十四，为交易之媒介。使者归复命，文毅难之曰："红绉无足重轻，大炮胡可畀贼？外人闻之，其视吾辈为何如人耶？"复命使者往，议以数百金为大炮代价。贼目不允，必欲得炮而后可。使者归，诸官相顾无策。藩司某进曰："今既无用炮处，炮之在我与在贼，庸何择焉？但勿令士民知之耳。请声言允给红绉，不允给炮，而密以绉缠炮身，使人但见为绉，不见为炮，舁而置诸诚外，俾贼自取之，不亦可乎？"文毅亦鞭然曰："君真善办事者矣。"如其计行之，而张绅果归。

五五　曾文正公遗事

金陵之初复也，有萧山一士人，自称浙省教职，谒文正军门，雄谈大睨，不可一世。文正心奇之，偶谈及下僚欺蔽之难杜，某正色曰："受欺不受欺，顾在己如何耳。某盱衡当世大人君子，惟有中堂至诚感人，人自不忍欺。若左太保之严气正性，人不敢欺，然以较中堂已落第二。乂至如某某诸公则人即不欺，而己顾常疑其欺；或已被欺，而反不疑其欺者，比比是也。"文正大服，抚髀称是。不置。因语之曰："吾幕府诸贤，子可遍谒之，月旦其优绌以语我。"某诺而出。次日，复命曰："军中多豪伟士，然某于其间得二君子人焉。”文正惊询之，则涂制府宗瀛、郭中丞柏荫也。文正益心折，称善，乃待为上客。顾一时未有以处之，姑令督制炮船。未几，忽挟千金遁去。所司以闻，请发卒追捕，文正默然良久，曰：“休矣，置之可耳。”所司莫测其意，惘然退。文正乃咄咄独坐，自循其须曰：“人不忍欺，人不忍欺。”左右皆匿笑。闻其人卒折节为善士，为诸生以终。

五六　左文襄轶事（二则）

（一）家书说梦

左文襄之捷秋试也，与同年生湘潭欧阳某同舟北上。一日，文襄伏几作书，欧阳生问何为，曰：“作家书耳。”有顷，舟已泊。文襄匆匆登岸纵眺，书稿置几上，尚未缄封也，欧阳生因取视之。书中叙别家后情事，了无足异者。惟中间叙及一夕泊舟僻处，夜已三鼓，忽水盗十余人，皆明火持刀，入仓，以刃启己帐。己则大呼，拔剑起，力与诸贼斗，诸贼皆披靡，退至仓外。己又大呼追之，贼不能支，纷纷逃入水中。颇恨己不习泅，致群盗逸去，不得执而歼旃也。欧阳生读之大愕。自念同舟已十余日，果有此事，己何以不知？然家书特郑重其事，又似非子虚。因召文襄从者问之，亦愕然不知；又召舟人问之，皆矢言，实无其事。未几，文襄徐步返舟，欧阳生急诘之。文襄笑曰：“子非与我同梦者？安知吾所为耶？”欧阳生曰：“梦耶？何以家书中所言，又若真有其事也？”曰：“子真痴人矣！昨晚吾偶读《后汉书·光武纪》，见其叙昆阳之战，云垂海立，使人精神飞舞，晚即感此梦。乃悟前史所叙战事，大半皆梦境耳。安知昆阳之役，非光武偶然做此梦者？子胡为独怪我耶？信矣！痴人之不可与说梦也。”

（二）以诸葛亮自命

吴县吴清卿中丞之督学陕甘也，按试至兰州。于时，左文襄甫肃清关内，方布置恢复新疆之策。文襄固夙以武侯自命者，平时与友人书札，常署名为“今亮”。中丞下车观风，即以“诸葛大名垂宇宙”命题。文襄闻之甚喜。次日班见司道，故问新学使，昨日观风，其命题云何，司道具以对。文襄撚髭微笑，不语者久之，徐曰：“岂敢！岂敢！”

五七　左文襄联语

先外祖巴陵刘湘浦先生讳（树森），弱冠以刑名学游幕秦中，历佐诸节使幕四十余年。为文章宗法柳州，简练峭洁；奏牍之文，一时无两。每遇极繁赜琐屑之事，他人数十语所不能尽者，先生辄以数语了之。而曲折奥窔，无不毕举，以是名动九重。咸丰中，曾卓如中丞望颜入觐，文宗曾以先生名垂询，士论以为至荣。先生之薨也，左文襄以一联挽之曰："约秦法三章；弱楚材一个。"联长盈丈，作擘窠书，字径几二尺许，为文襄生平极得意书。有劝诸舅氏以此泐诸墓门者，以尺度过长，竟不果。

五八　左文襄遗议

左文襄戡定西垂，功名与曾、李埒，然实有未尽满人意者。其奏疏铺排战功，半属子虚。所以奏廓清之绩者，纯恃招降以集事耳。肃州之役，一败涂地，几不能军。幸虏酋无远志，涎降人待遇之优，排众议而就抚关内，赖以奏，肃清然亦危矣。近读江都史绳之中丞（念祖）《复程伯宇》一书，其诋诃甚至。史晚节为人不足重，而此书则不可谓非实录也。今节录于下：

> 足下来书，下询边徼汉唐之形势、近代之变迁，每欲作札略述近日攻剿之机，边民流离之惨，辄咄咄不能置一语。嗟乎，塞则犹是也。汉唐守备之故，形势阻隔之险，久不复闻矣。方谓山迁河改，无事法古，安问当年形势乎？国朝乾、嘉之间，抚驭箝制，漫不复稽，遑问汉唐乎？嗟乎，幸仆笔拙目短，不足准古证今，以报足下之命。不然，将历考其羁縻之失，而追录其倾覆拙钝之由，曲述其遁饰之隐、屠戮之虐、搜括罗织之苛，使九边泣血之死声，千里暴骨

之惨状，一旦而毕呈于足下之前，亦足下之所不忍闻也。足下乃谓仆之西行，可以有为乎？昔者颜子将之卫，请于夫子。夫子曰："嘻，若殆往而刑耳。"仆虽不敏，独不惧死于暴人之前乎？

甘肃僻处天西，风气朴僿，士人仅知帖括，兵兴十余年，未有能著一书以述攻战之绩者。文襄持节西征，又极力牢笼士大夫，结其欢心，使不持异议，故竟无一人能发其骄愎粉饰之情状。呜呼！使多忠勇不死，关陇可百年无患也。幕燕之危，岩坛之险，孰实为之？江统徙戎之论，读之有余悲已。闻人言，史少年时目不知书，既贵，乃折节向学。此文郁硉奡岸，直摩唐人之垒，非规抚两宋，以时文为古文者所能，不可谓非奇士也。

五九　李文忠公遗事

甲午以前，人皆詈李文忠媚外。今沟犹瞀儒尚持此论，不知文忠卑视外人之思想，始终未尝少变。甲午以后，且益厉焉。其对外人，终不以文明国人待之。此老倔强之风力，今安得复睹其人哉。其使俄也，道出日本，当易海舶。日人已于岸上为供张行馆，以上宾之礼待之。文忠衔马关议约之恨，誓终身不复履日地。从人敦劝万端，终不许，竟宿舟中。新船至，当乘小舟以登，询知为日本舟，遂不肯行。船主无如何，为于两舟间架飞梁，始履之以至彼船。其晚年直总署也，总署故事，凡外国使至，必以酒果款之，虽一日数至，而酒果仍如初。即此项，已岁糜数千金。公至署，诸使来谒，署中依例以酒果进，公直挥而去之曰：“照例，外宾始至乃款以酒果；再至，则无之也。”诸使皆色变，然竟不能争。法使施阿兰狡甚，虽恭忠王亦苦之。公与相见，方谈公事，骤然询曰：“尔今年年几何矣？”外人最恶人询问年龄，然慑于公威望，不能不答。公掀髯笑曰：“然则是与吾弟（第）几孙同年耳。吾上年路出巴黎，曾与尔祖剧谈数日，尔知之乎？”施竟踧踖而去，自是气焰少杀矣。丁酉岁暮，俄使忽以书来求见。公即援笔批牍尾曰：“准于明日候晤。”时南海张樵野侍郎在座，视之愕然曰：“明日岁除矣，师尚有暇晷会晤外人乎？俄使亦无大事，不过搅局耳，不如谢却之。”公慨然曰：“君辈眷属皆在此，儿女姬妾，团栾情话，守岁迎新。惟老夫萧然一身，枯座无俚，不如招三数洋人，与之嬉笑怒骂，此亦消遣之一法耳。明日君辈可无庸来署，老夫一人当之可矣。”其侘傺如此。

六〇　阎文介遗事（五则）

（一）官运亨通

朝邑阎文介公敬铭，状貌短小，二目一高一低，恂恂如乡老。未第时，尝就大挑。甫就班跪，某亲王遽抗声曰："阎敬铭先起去。"公深以为恨，常慨然叹曰："一岁三落第，而会试不与焉。"盖公于是岁试中书教习，皆被摈也。其后入翰林，改官户部。胡文忠奏调总办东征粮台，疏中有"阎敬铭气貌不扬，而心雄万夫"之语。未几，即超擢藩臬，晋抚山东。东事既定，公亦乞病解组。以故居逼近大河，时虞水患，乃徙居解州之运城。光绪元年，秦、晋大饥，奉命偕曾忠襄公督办晋赈。吉州牧段鼎耀冒侵振款，奏斩以徇。诸官吏皆惕息，莫敢骩法。晋人歌咏其事，至以比包孝肃。辛巳冬，与南皮张文达同被召，命长户部，知遇之隆，一时无两。癸未春，奏结云南报销案，公与枢臣同入见，奏对至三时许。太后以某事问恭王，王奏曰："此事丹翁知之最悉，太后可问彼。"后顾公亦曰："丹翁以为何如？"公闻命，皇悚万状，亟免冠叩首，众皆不喻其故。后徐悟，微笑曰："汝以吾误称汝字耶？吾敬汝德望，在宫中语及汝，未尝不以字也。"一时闻者，以为异数。

（二）受慈禧宠信

光绪甲申，法越事亟，北宁失守。慈圣下手诏，责枢臣襄赞无方，尽退恭忠亲王以下诸公，而以礼亲王世铎及文介、张文达、额勒和布诸公代之。时高阳李文正以协辨大学士降调侍郎，协揆一缺，应由吏部具题请旨。先一日，召枢臣面议，文介力保文达及徐荫轩相国，慈圣犹豫久之，曰："用他们不如用你。"文介亟顿首谢，不允。

次日，枚卜之命遂下。

（三）首议汉司员管理财政

文介长户部数年，其最有力之改革，即以汉司员管理北档房是也。故事：天下财赋总汇皆北档房司之，而定例北档房无汉司员行走者。以故二百余年，汉人士大夫无能知全国财政盈绌之总数者。文介为户部司员时，夙知其弊。及为尚书，即首建议，谓满员多不谙握算，事权半委胥吏，故吏权日张而财政愈棼。欲为根本清厘之计，非参用汉员不可。当时满司员尚无所可否，而胥吏皆惧失利权，百计沮之。文介毅然不少动。幸是时慈圣眷公方殷，竟从其请。邦计出入之赢缩至是乃大暴于天下。此亦满汉权力消长之一大事也。

（四）失宠探长

文介既得政，忽失慈眷，此中盖有秘密之关系。论者举谓，慈圣方兴三海、颐和园之役，而文介靳不与款，以此恶而逐之者，犹是皮相之论也。初，文介极敬戚畹某上公之清节，某上公亦极意交欢文介。文介遂力请以某上公为满尚书，冀收和衷共济之益。某上公既为尚书，则又进福文慎锟于文介。文介亦器其材，奏为户部侍郎以自副。某上公与文慎既同得志，朋比而倾文介，所以龂龁者备至。文介遂以此积失慈眷，不得不求去矣。初以久疾，请解机务，专办部事。疏上，遽得请。都下皆骇然，莫喻其故。然此时文介虽管部，而权力已大逊为尚书时，故常请假不至署。会江西布政使李嘉乐、署陕西布政使李用清皆奉旨开缺候简，二李皆一时廉吏，为文介所举，而被疆臣劾罢者也。命下，文介方在告，遽奏辩赣、陕两抚之诬，请旨收回成命。疏入，奉旨严行申斥，责以不谙国家体制。公于是遂决浩然之志矣。然其归也，犹温旨慰谕，俾驰驿归里，食全俸，且戒以国有大事，宜随时以所见入奏。及其薨也，乃仅赠太子少保衔。一切辅臣恩泽俱不得与。故事：辅臣身后，必晋三公，即不能，亦当赠太子太师。今以一品大臣，而身后饰终之典乃以二品衔予之，国朝二百年间，盖公一人而已。是时，几并予谥而靳之，赖南海张樵野侍郎力争，始得请。内阁原拟“清、勤、悫、介”四字，朱笔独点用第四字，亦不满之意也。

（五）执法无畏

光绪乙巳冬，薄游汉皋，宿汉阳兵工厂。厂吏某君，咸、同时旧人也，年七十许矣，犹及事胡文忠。为述文忠及朝邑阎文介公遗事甚悉。文介之署鄂藩也，文忠已薨，官文恭为总督。新繁严渭春中丞（树森）继文忠为巡抚。严公原籍渭南，盩厔李午山方伯（宗焘）知武昌府，皆文介乡人也。故事：两司必兼督抚总营务处衔，故能节制诸将领。某弁者，文恭之娈童也，文恭宠之甚，令带卫队，且保其秩至副将。某居然以大将自居，恃节相之宠，势张甚，视两司蔑如也。一日，帅亲兵数人，闯城外居民家，奸其处女。女哭詈不从，以刀环筑杀之而逸。其父母入城呼冤，府、县皆莫敢谁何。文介闻之大怒，急上谒督署。某弁固知文介之必不赦己也，先入督署，求救于文恭，文恭匿之。有顷，文介已上谒，文恭辞以疾。文介称有要事，必欲面陈，如中堂不可以风，即卧室就见亦无妨。阍者出，固拒之。文介曰："然则中堂病必有痊时，俟其痊，必当传见。吾即居此以待可耳。"命从者自舆中以襆被出，曰："吾即以司道官厅为藩司行署矣。"卧起于官厅者三日夜。文恭嘱司道劝之归署，必不可。文恭窘甚，以严、李两公与文介同乡，急命材官延之至，浼其为调人，而自于屏后窃听之。二公譬谕百端，文介终不屈，誓不斩某弁不还署。文恭无所为计，乃自出相见，即长跽。文介岸然仰视，不为动。严公乃正色曰："丹初亦太甚矣。中堂不惜屈体至此，公独不能稍开一面网乎？"文介不得已，则趋扶文恭起，与要约，立斥（撤）某弁职，令健儿解归原籍，立启行，无许片刻逗留。文恭悉允诺，乃呼某弁出，令顿首文介前，谢再生恩。文介忽变色，叱健儿执诣阶下，褫其衣，重杖四十。杖毕，立发遣以行。事讫，始诣文恭前，长揖谢罪。然文恭由是益敬惮文介，且密疏保奏，俾抚山东。文介之执法不阿，固未易及，而文恭之休休有容，不以私憾废公义，又岂能求之于今日哉！

六一　倭文端沮开同文馆

同文馆之始开也，朝议拟选阁部翰林官年少聪颖者，肄业馆中。时倭文端方为首揆，以正学自任，力言其不可。御史张盛藻遂奏称天文算法宜令钦天监天文生习之；制造工作，宜责成工部督匠役习之。文儒近臣，不当崇尚技能，师法夷裔。疏上，都下一时传诵，以为至论。虽未邀俞允，而词馆曹郎皆自以下乔迁谷为耻，竟无一人肯入馆者。朝廷岁糜巨款，止养成三数通译才耳。方争之烈，恭忠亲王奏命文端为同文馆大臣，盖欲以间执其口也。文端受命，欣然策骑莅任，中途，故坠马，遂以足疾请假。朝廷知其意不可回，亦不强之。文端之薨也，巴陵谢麐伯太史以联挽之曰：

> 肩正学于道统绝续之交，诚意正心，讲席敢参他说进；夺我公于国是纷纭之日，攘夷主战，明朝无复谏书来。

当时士大夫见解如是，宜乎郭筠仙、丁雨生皆以汉奸见摈于清议也。国之不竞，诸君子乌能辞其责哉！虽然，今日国家固已兴学矣，固已重用留学生矣，而效果究何在耶？吾恐文端诸人，方齿冷于地下，而持用夷变夏之说者，且益张其焰而助之攻也。噫！

六二　恭王用人之公

光绪癸未春，豫抚李鹤年以王树汶案革职。孝钦召见枢臣，谋代者。高阳李文正举今相国定兴鹿公，宝文靖举觉罗成孚。两人皆藩司，资望相埒。孝钦疑未能决，顾问恭忠王，当与何人。王对曰："成孚亦甚好，但满员恐不谙民间利病。豫省吏治甚颓敝，不可不简授清望之员以矫之，用成不如用鹿。"议遂定。会河督梅启照亦缘是案罢斥。乃命成孚署河督印务。贤王之立贤无方如此。

六三　朱提督洪章遗事

曾忠襄之克秣陵也，大将李臣典、萧孚泗咸膺上赏，锡封子男，而不知悉黔将朱洪章一人之功，李、萧皆哙伍耳。洪章，黔之镇远人。胡文忠为镇远守，洪章以亲军隶麾下，文忠壮之。及陈臬湖北，遂挈以自随，肃清武汉，实为首功。文忠太夫人寿，洪章使酒骂座，忤其曹偶。文忠虑不为诸将所容，因遣从曾文正军。文正因使帅精锐数千人，随忠襄捣金陵。忠襄部下皆湘将，洪章以黔人孤立其间，每有危险，辄以身当其冲，以此知名。忠襄益倚重之。初开地道于龙脖子，垂成而陷，健儿四百人歼焉，皆洪章部下也。二次地道成，忠襄集诸将，问孰为先入者，众皆默无言。洪章愤，愿一人为前驱，从烟焰中跃上缺口，以矛援所部，肉薄蚁附而登。诸将从之入，城遂复。

臣典于次日病卒，忠襄好语慰洪章，使以首功让臣典，而己次之，洪章慨然应诺。及捷报至安庆，文正主稿入奏，乃移其次第，以洪章为第四人。于是李、萧皆封子男，而洪章乃仅得轻车都尉，殊不平，谒忠襄语及之，忠襄笑而授以佩刀曰："捷奏由吾兄主政，实幕客李鸿裔高下其手耳，公可手刃之。"洪章一笑而罢。其后终云南鹤丽镇总兵。张文襄督两江时，洪章犹在，然闲废久矣。文襄为奏起之，使募十营，驻守苏、浙间之金山卫，军纪肃然，市廛不扰。未几，以积劳触发旧伤，卒于军。吴人至今犹感其惠云。

六四　张汶洋案异闻

张汶祥刺杀马新贻一案，当时问官含糊了事，以故事后异论蜂起。大抵皆谓马新贻渔色负友，张汶祥为友复仇。近人且以其事演成新剧，几于铁案不可移矣。然以蒙所闻，则有大异者。

张初在发逆军中，为李侍贤裨将。金陵既下，侍贤南窜闽、广，数为官军所败。汶祥知其必亡，阴怀反正之志。会有山东人徐姓者，仕为武职，被贼掠去，适与汶祥同营。二人遂深相结纳，谋同逃，誓富贵无相忘。未几，竟得脱。时马已官浙抚矣，徐与同乡，故相识，遂留其幕下为材官，而张则展转至宁波，开小押当自给。一日，张至杭访徐，徐留与饮。酒酣，徐忽慨然曰："窃钩者诛，窃国者侯。古人信不吾欺。以堂堂节帅之尊，而竟甘心外向，曾无人发其覆者。而吾侪小人，不幸被掳，伺便自脱，官府犹以贼党疑之，或竟求生得死。天下不公之事，孰有甚于是者！”张异其言，固询之。徐乃言：“旬月前，抚帅得一无名书。发视之，新疆□部某叛王之伪诏也（马新贻故□□□人）。”伪诏略云：“现大兵已定新疆，不日入关东下，所有江、浙一带征讨事宜，委卿便宜料理。”云云。马得书，即为手疏以报，略言：“大兵果定中原，则东南数省，悉臣一人之责。”张闻言大愤，拍案叫曰：“此等逆臣，吾必手刃之以泄愤。”已而马下令禁私开押店，盘利害民，而张肆遂被封，益落魄无俚，杀马之志益决。未几，马已擢任江督，张适以事诣金陵，遂谋行刺。是日，马未晓已出阅操，归署时甫黎明。张潜伏箭道门侧以候。会有一山东人，漂泊白下求马资助者。舆甫入门，其人即拦舆递呈。马探半身出接呈，张狙出进刃。刃从胁下入，本向上，张又力绞之，使下向。迨刃抽出，已卷作螺旋形矣。其用力之猛如此。马既饮刃，即大呼谓左右曰：“扎著了！”南人不明北语，误“扎”为“找”，故疑二人本相识，因以有复仇之说也。马死时，家有两妾，皆四十许，盖从马已廿余年矣。

张既被获，群拥之入署，两司集讯之。张据地趺坐，抑使跽，卒不肯，但问上坐者何官，曰臬、藩两司，笑叱曰：“两司那配问我？请将军来，我始肯言耳。”有顷，将军至，讯其何以行刺？则曰：“请先饬制台家属一律出署，再遣兵役围其内宅，我方肯说。”将军以语不伦，斥之。则曰：“若是吾终不肯言矣。”窃诘之，终不吐一语。不得已，乃屏左右，诱使吐实，始以徐语告，且曰：“公不信，第遣人往搜其秘箧，苟不得伪诏者，吾甘伏反坐之罪。”问官闻此，咸大皇惑，不欲兴大狱，故矫为狱词，而亟磔张于市，实则终无确供也。莫子偲先生之弟某，于时署江宁府，亲睹其事云。

六五　林夫人书稿

沈文肃公夫人林氏，为文忠公女。其乞援饶廷选以保广信府城事，人艳称之。而书稿则多未之睹，亟录于此。书云：

> 将军漳江战绩，啧啧人口，里曲妇孺莫不知有饶公矣。此将军以援师得名于天下者也。此间太守闻吉安失守之信，豫备城守，偕廉侍郎往河口筹饷招募，但为时已迫，招募恐无及；纵仓卒得募，恐返驱市人而使战，尤所难也。顷来探报，知贵溪又于昨日不守，人心皇皇，吏民商贾迁徙一空，署中童仆纷纷告去。死守之义，不足以责此辈，只得听之。氏则倚剑与井为命而已。太守明早归郡，夫妇二人荷国厚恩，不得藉手以报，徒死负咎。将军闻之，能无心恻乎？将军以浙军驻玉山，固浙防也。广信为玉山屏障，贼

得广信，乘胜以抵玉山，孙吴不能为谋，贲育不能为守。衢严一带，恐不可问。全广信即以保玉山，不待智者而后辨之，浙大吏不能以越境咎将军也。先宫保文忠公奉诏出师，中道赍志，至今以为深痛。今得死此，为厉杀贼，在天之灵，实式凭之。乡间士民不喻其心，以舆来迎，赴封禁山避贼，指剑与井示之，皆泣而去。太守明晨得饷归后，当再专牍奉迓，得拔队确音，当执爨以犒前部，敢对使百拜，为七邑生灵请命。昔睢阳婴城，许远亦以不朽。太守忠肝铁石，固将军不吝与同传者也。否则贺兰之师，千秋同恨。惟将军择利而行之。刺血陈书，愿闻明命。

六六　高心夔遗事

故协办大学士、户部尚书宗室肃顺，为三凶之魁，卒以大逆伏诛。然其才识，在一时满大臣中，实无其比。发逆荡平之由，全在重用汉臣，使曾、胡诸公，得尽其才。人第知其谋之出于文文端庆，而不知帷幄之谋，皆由肃主持之。徒以戊午科场大狱，为科甲中人所切齿，故恶而不知其美耳。肃虽痛恨科甲，而实爱才如渴，一时名士咸从之游。湘潭王闿运、湖口高心夔，其尤著也。方左文襄之佐湖南幕府也，为蜚语所中，疾之者争欲置诸死地，祸几不测。微肃之论救，必无幸矣。方狱事急时，文襄故交某君走京师，诣高谋之，高即入言于肃。肃曰：“论救吾当力任之，然必外廷汉官，有上疏言之者，上必垂询，某乃可尽言。不然，某素不与外官交通，上所深知。今无端言此，适以启上疑耳。”高出谋于众，众皆畏祸累，蔑敢应者。吴县潘文勤时官翰林，慨然单衔入奏，请以百口保左宗棠无他，上果特其疏询诸枢臣。肃顿首奏：“潘祖荫国家世臣，所保必可信，请姑宽之，以观后效。”因乘机极言满将帅腐败不可恃，非重用汉臣不可。上大感动，即可潘奏，文襄获无事，旋即大用。而曾文正督师之局，亦定于此时。肃之功顾可没哉！文襄历任闽、陕、两江，于京朝士大夫，向不致馈冰炭。独于文勤，每岁必以千金为贶，讫终身无间。高举己未进士，相传礼部放榜后，肃为之竭力揄扬于公卿间，必欲以第一人处之。及覆试保和殿，钦命诗题，官韵限十二文，而高误押入元韵一字，因置四等，罚停殿试一科。肃亦为懊丧无已。次岁庚申恩科，高胪唱列入二甲。肃于朝考前一日，探得诗题为《纱窗宿斗牛》，得“门”字，唐人孙逖《夜宿云门寺》诗也。亟召高至，密以题纸授之，且勖曰：“此番好为之，朝元当可望也。”入场，题下果符，通场三百人，无识出处者，高意得甚，自命不作第二人想。出场后，持诗稿即往谒肃。肃览之，顿足曰：“完矣，完矣！盖通首除官韵外，其七字皆押入十一真部也。”翌日榜发，复列四等，引见得归班铨选。王壬秋尝戏以联语赠高曰：“平生双四等；该死十三元。”嘻谑而虐矣。自肃伏法后，高益潦倒无聊俚。文襄由陕督入军机，高犹旅食京师也。文襄出督两江，亟为高报捐道员，指分江南，嘱其先行到省以俟。高引见毕，即由海道南下。文襄由内地徐徐行，抵瓜洲，司道以下官皆渡江迎谒，独不见高来，奇之。俄渡江，至金陵城外，高犹未来。文襄不能忍，询诸藩司某。某愀然对曰："高道于昨日逝矣。"文襄亟往临哭之，为不怡者累日。（高号伯足，江西湖口人。同治末年官吴县知县。光绪七年卒于吴中。）

六七　延树南宗伯之大节

光绪丙戌（戌）三月，孝钦太后率德宗恭谒东陵。至定东陵，孝贞显皇后陵也。銮舆甫至，未行礼，先诣配殿小憩，所司以礼节单呈进。后阅之，色顿不怿，掷之地，命另议以进。盖照例拈香进酒，须跪拜，故后不愿也。是时，高阳李文正为汉尚书，闻命色变，战栗不敢出一语。满尚书延树南宗伯煦独奋然曰："此不能争，国家何用礼臣为？公不敢言，我当独面奏。"即肃衣冠入见，跪殿门外，大言曰："太后今日至此，两宫垂帘听政之礼节无所用之。唯当依显皇帝在时仪注行之耳。"后闻奏失色，命之起。公对曰："太后不以臣不肖，使待罪礼曹。见太后失礼而不敢争，臣死无以对祖宗。不得请，誓不敢起。"后不得已，可其奏。公乃徐谢恩起。当是时，同列皆汗流浃背，公从容如平时，卒成礼而后归。（是科会试改十一日入场，盖车驾初八日始还京也。）

六八　薛云阶司寇之法学

前明六部权最重，为部郎者，率视外任如左迁。国朝官制无异明代，而部权之衰，则一落千丈矣。士大夫起家进士，任曹司二三十年，京察注上考，始得一麾出守。同侪望而羡之，真有班生此行，何异登仙之慨。噫，可以观世变矣。诸曹可（司）事权皆在胥吏，曹郎第主呈稿画诺而已。惟刑部事非胥吏所能为，故曹郎尚能举其职。刑部事统于总办秋审处，额设提调、坐办各四人，主平亭天下秋审监候之狱。必在署资深，且深通律学者，始获充是选。长安薛云阶尚书允升，官提调十余年，始获外简。甫六岁，复内擢少司寇，洊长秋官，掌邦刑者又二十年，终身此官。其律学之精，殆集古今之大成。秦汉至今，一人而已。尝箸（著）一书，以大清律例为主，而备述古今沿革，上溯经义，下逮胜朝。比其世轻世重之迹，求其所以然之故，而详箸（著）其得失，以为后来因革之准。书凡数十册，册各厚寸许，卷帙繁重，竟无人能为任剞劂者，恐日久终不免佚阙矣。

尚书清癯瘦削，若不胜衣，而终日端坐读书无倦容，语音极小而清朗。每在稠人大会中，忽发一言，虽坐离数丈者亦闻之历历，不啻促膝对语。而大声雄辩者，其音反为所掩。盖寿相，亦异禀也。尝言士大夫一生，学问为一事，科名为一事，官职、名誉，又各自别为一事。兼是四者，古今殆罕其人。以王荆公之道德气节，而宋儒至侪诸卢杞；包孝肃使生于两汉时，在《酷吏传》亦不过仅居下驷之列，而至今妇孺皆知，奉为神明。名实何必相符，史册安有定论耶！尝为嘉兴沈乙庵述之，乙庵叹息，以为至言。

六九　宝文靖遗事（二则）

（一）善应对

恭忠亲王在政府与宝文靖相得，王恒呼文靖为龟。一日退值偕行，过一丰碑下，王指负碑之赑屃，戏文靖曰："此为何物？"文靖正色对曰："王爷乃不识此物乎？此龙生九种之一耳。"王亦鼓掌大笑。

（二）如愿谥"文靖"

宝相国退闲后，常语门下士曰："吾他日身后得谥'文靖'，于愿足矣。"及其薨也，易名之典，适符素志。盖门下士具以公意启枢臣，而枢臣为之乞恩也。

七〇　多忠勇公轶事

中兴诸将之善战者，以多忠勇公隆阿为最。公之战功始于东南，而终于西北。东南战事最久，而不如西北关系之重。盖其在东南，不过攻城野战之勋；而在西北，则仗钺专征，独当一面也。同治元年，□□乱起，朝廷以胜保为钦差大臣，帅师西征。胜保在皖北颇著声绩。及西入关，则锐气顿挫，株守省垣，日纵淫乐，不敢言战事。言者交章论劾，诏逮治入京，而以公代之。□□逆巢，在渭北者凡三城：最东曰羌柏，在同州，迤西有苏家沟，再西为渭城，苏家沟、渭城皆在咸阳境。贼于渭城建府治，盖居然以伪都视之矣。公督师入关，径趋羌柏，力战三日夜，克之，歼悍贼几尽。移师西指，群贼慑公威，苏、渭两城皆一鼓下，陕□皆西走甘肃。大军方欲上陇，而蜀匪骤出山，据盩厔、鄠县。乃移师而南。盩厔甫下，公亦致命。千钧之弩，伤于鼷鼠，惜哉！□□最悍，耐战过粤匪远甚。赖公先后十余战，尽枭其魁杰。左军西征，直因公成局而蒇其事耳。微公造攻于先，后来成败未可知也。然公苟不死，则必举逆孽而尽殄之平庆泾固间，无花门踪迹矣。文襄后来招抚，直出于不得已。车箱之峡，隐忧方大，安得起公九京，而付以西陲之事哉！

公致命后，秦人德之甚，虽妇孺无不下泪者。而驻防旗丁，独深憾之。方贼之围攻省城也，官军分城而守。东北隅在满城内，故旗营主之。佐领某潜输款于贼，约为内应，期以六月望夜分，贼舁云梯，由东北角楼下登城，而某自城上援之。至期，大风雨，贼所持草炬皆湿不能然，迷失路，反向北行，奔驰至晓，则已在渭滨，去城四十里矣。某得贼贿千金，欲奄有之。其党大愤，遂上变，将军乃斩某以徇。贼旋败退，城幸得全。公既抵陕，闻其事，乃震怒，立奏诛同谋者数十人，而尽革旗营月饷。当是时，旗丁衣食无所资，相率拆售屋材以糊口，鬻子女、卖妇者相属也。公薨后，继任者始奏复之。故旗丁憾公特甚，至今公专祠中春秋社赛，旗人无一至者。

七一　国朝列女传三人（三则）

曾见达县吴季清先生所箸（著）笔记，有纪国朝列女三事，云闻之湘潭王壬秋。后读壬秋《湘绮楼全集》，有此三传，而所纪详略各不同。第一传香妃事，以孝圣宪皇后为主，与季清所纪宗旨更互异。因忆而录之，以备异闻。季清所纪宗旨互异。因忆而录之，以备异闻。季清殉节三衢，尽室国殇，遗箸（著）悉葬之烈火中矣。录此三事竟，犹想见宣南冷寺中，掀髯剧谈时也。黄垆腹痛之感，不禁涕泗之交集矣。

（一）香妃秘闻

回部王妃某氏者，国色也。生而体有异香，不假熏沐，国人号之曰香妃。或有绳其美于中土者，高宗纯皇帝微闻之。西师之役，将军兆惠陛辞，上从容语及香妃，命兆惠一穷其异。回疆既平，兆惠果生得香妃，致之京师。先密疏奏闻，上大喜。命沿途地方官吏护视起居维谨，虑风霜跋涉，致损颜色，兼以防其自殊也。既至，处之西内。妃在宫中意色泰然，若不知有亡国之恨者。唯上至则凛如霜雪；与之语，百问不一答。无已，令宫人善言词者谕以指，妃慨然出白刃袖中，示之曰："国破家亡，死志久决。然决不肯效儿女子，汶汶徒死，必得一当，以报故主。上如强逼我，则吾志遂矣。"闻者大惊，呼其侣，欲共劫而夺之。妃笑曰："无以为也。吾衵衣中尚有如此刃者数十计，安能悉取而夺之乎？且汝辈如强犯我者，吾先饮刃，汝辈其奈何。"宫人不得要领，具以语白上，上亦无如何。但时时幸其宫中，坐少选即复出，犹冀其久而复仇之意渐怠也。则命诸侍者日夜逻守之。妃既不得遂所志，乃思自戕。而监者昕夕不离侧，卒无隙可乘而止。妃至中土久，每岁时令节，思故乡风物，辄潸然泣下。上闻之，则于西苑中妃所居楼外，建市肆、室庐、礼拜堂，具如西域式，以悦其意。今其地尚无恙也。时孝圣宪皇后春秋高，微闻其事，数戒上毋往西内，且曰："彼既终不肯自屈，曷弗杀之以成其志，无已，则权归其乡里乎？"上虽知其不可屈，而卒不忍舍也，如是者数年。会长至圜丘大祀，上先期赴斋宫。太后瞯上已出，急令人召妃诣慈宁宫。妃既至，则命镭宫门，虽上至不得纳。乃召妃至前，问之曰："汝不肯屈志，终当何为耶？"对曰："死耳。"曰："然则今日赐汝死可乎？"妃乃大喜，再拜顿首曰："太后天地恩，竟肯遂臣妾志耶。妾间关万里，所以忍辱而至此者，唯不欲徒死计，得一当以复仇雪耻耳。今既不得遂所志，此身真赘旒，无宁一瞑不视，从故主地下之为愈矣。太后天地恩，竟肯遂臣妾志。臣妾地下，感且不朽。”语罢，泣数行下。太后亦为恻然，乃令人引入旁室中缢之。是时，上在斋宫，已得报，仓皇命驾归。至则宫门已下键，不得入，乃痛哭门外。俄而门启，传太后命，引上入，则妃已绝矣。肤色如生，面色犹含笑也。乃厚其棺敛，以妃礼葬之。

旧史氏曰：吾读亡国之史，至于晋羊后、北齐冯淑妃、南唐小周后之遗事，未尝不废书三叹也。即孟昶宫人费氏赋诗见志，慨国无男，未尝不志节佼佼。然卒之失身宋祖，虽巽辞自解，潜祀故君，然亦儿女子之爱情而已，未足以为训也。（今世所祀张仙，起于宋世，本花蕊夫人在宫中潜祀孟昶。一日，艺祖见而问之，则诡以张仙对，谓妇人祀此像者，可以生男，艺祖乃释然。宋人说部中多载其事。）呜乎，孰谓域外远夷巾帼中，乃有荆轲、豫让其人耶？钱牧斋、龚芝麓之徒可以愧死矣。

（二）某秀女之危言抗论

旗人某氏女者，父为骁骑校，夫妇老而无子，且家赤贫，恃女针黹以养。缝浣湢厨之事，悉一身兼之。女略识文字，有暇则聚邻童，教以识字，藉博升合资。时咸丰初年也。一日，禁中选秀女期届，女名在籍中。闻报，抱父母恸哭，念已入宫，父母老无依，且展转死沟壑，欲奉亲以遁者数矣。故事：无问官民家女，既当选，则以官监守之，虑其遁也。女既不克脱，不得已，届期随众往，排班候驾于坤宁宫门外。时天甫黎明也。是时，金陵甫失守，羽书络绎至。上忧劳旰食，每枢臣入见，议战守事，辄至日昃乃退。民家女初入宫禁，已战栗不自胜，又俟驾久，罢倚不能耐，重以饥渴交迫，相向饮泣。监者叱之曰："圣驾行且至，何敢若此，不畏鞭笞耶?"众闻言，愈战惧欲绝。女勃然起，厉声语监者曰："去室家，辞父母，以入宫禁。果当选，即终身幽闭，不复见其亲。生离死别，争此晷刻。人孰无情，安得不涕泣。吾死且不畏，况鞭笞乎?且赭寇起粤、峤间，不数载，悉长江而有之。今遂陷金陵，天下已失其半。天子不能求将帅之臣，汲汲谋战守，以遏贼锋，保祖宗大业，而犹留情女色，强攫民家女，幽之宫禁中，俾终身不获见天日，以纵己一日之欲，而弃宗社于不顾。行见寇氛迫宫阙，九庙不血食也。吾死且不畏，况笞鞭乎?"监者大惊，急掩其口，而上适退朝，御辇已至前矣。因共缚其手，牵诣上前，抑之跪。女犹倔强，不肯屈膝。初女所言，上已微闻之，至是复笑问其故。女仍侃侃然奏如前语。上欣然喜曰："此真奇女子也。"亟命释其缚，令引入宫中，朝见皇后。时某邸方丧偶，谋续娶，因以女指昏焉。而罢所选秀女，使皆宁其家。

旧史氏曰：甚矣，人主听言之难也。往往师保疑丞，谏议拾补，竭其法语巽言，疏十上而不能一纡天听者。匹夫匹妇儿女子之流，顾能以一言感之，且其言恒有常人所不堪者。而英君谊辟，独能欣然容之，岂不奇哉。闻诸故老：列祖到（列）宗之文学，以文宗为最优。御极之初，天下欣欣，有小尧舜之称。然曾文正奏进孙文定《三习一弊疏》，请铭诸座右，圣意怫然，几欲降旨诘责，赖祁文端从容申解乃已。疏中所言，较庶女呼号之词，其顺逆当不可同日语矣，乃彼所苦心孤诣而不能得者，此独于立谈间得之，诚以危言抗论，适中肯綮。且一出中心恻怛之至诚，而丝毫无所矫饰故耳。然非文宗之圣，又胡能纡尊从谏若此哉？呜呼，此其所以拨乱反正，而卒基中兴之烈也欤。

（三）钟情自爱之女

某氏者，河南民家女也，生而奇慧，乡里以针神誉之。少失怙恃，鞠于兄嫂。兄嫂皆钟爱之，为择配甚苛，故及笄犹无人委禽也。女一日以麦草织雨笠，穷工极巧，钩心斗角，竭数十日力，仅成一具。持付兄，俾诣市售之，曰："第索价百金，无增减。有购者，即询其里居姓字而谨识之。"兄讶曰："一笠耳，恶能值百金？持以过市，人不将疑我狂耶？"女曰："第如我言行之，必有购者。如其竟无人，不怨兄也。"嫂在侧，默喻其意，知女意在择偶也。因促其夫如妹言。兄不得已，持以出，阅三日，无人问价者，意女特譫言耳。日暮，倦欲归，忽一少年翩然来，迎与语，衣履修洁，神宇闲雅。兄故所相识，邻村某高材生也。见所持笠，异之，把玩不释手。问持此何为，以求售对；询其价，以百金对。生沉思久之，恍然悟。即邀兄诣其家，出百金授之，而留其笠。兄微以言叩之，则生犹未娶也。归告妻，使以语妹，女果首肯。亟以媒氏往，婚遂成。卜日亲迎以归，伉俪果綦笃。婿家故无舅姑，惟夫妇二人，倡随之乐，诚万户侯不与易也。生宝爱草笠甚，令女为制锦韬，藏其中，出必冠之，无间晴雨；归必手自拂拭，韬而悬之帷中，以为常。数年后，女举一子，已呀呀学语矣。生有所善某富室子者，尝求婚于女，女以其无行，却之。至是益妒生之得美妇也，谋所以间之者。乃阳纳交焉，恒招生为诗酒会，因导为狭邪游。生惑焉，出辄数日不归。女忧之，乃婉语曰："昨某君来吾家，吾于屏后窥其人，目动而言肆，是殆有异图，不可近也。"生未以为然，笑置之。一日醉归，忽易笠而帽，女讶问之，则已为某乘醉攫去矣。女默然，亦无一言。生倦而酣寝，晓始醒，则独卧于床。讶女胡蚤作，呼之不应。亟起视，已缢于窗棂间矣。生骇极木立，大痛。茫不知其故，俯视碎锦狼籍地上。拾审之，即所以韬笠者，始悟女所以死，乃大痛悔，号泣数日，亦感疾死。（此事与《湘绮楼集》大异。）

旧史氏曰：《易》有之："君子见幾而作，不俟终日。"若女者，可谓能见幾者矣。生之宝爱是笠也，非笠之足宝，宝制是笠者之人耳。夫以造次不肯相离之物，忽慨然举以与人而弗之惜，宠移爱夺之机朕矣。女也不死，其将坐待为班姬之扇、楼东之珠乎？嗟乎，使淮阴而知此，则必无云梦之禽；使陆敬舆而知此，则何至有忠州之谪？古今豪俊奇伟之士，如刘诚意者，庶其近之矣。

七二　李莲英女弟之指婚

李监莲英有一妹，国色也。辛卯、壬辰间，年甫逾笄，尚未适人。李数绳其美于孝钦，遂召入内，侍起居。李妹故慧黠，善伺人意。孝钦宠之甚，呼为大姑娘。每日上食时，惟李妹及缪素筠女士侍后左右，同案而食。皇后及诸妃嫔，皆立伺于旁。一日，某福晋入宫候起居，福晋于孝钦为姐妹，入宫相见，未尝赐坐。是日请安毕，忽赐坐，福晋惊悚，逡巡不敢即坐。孝钦微哂曰："吾所以赐坐者，岂为尔乎？尔不坐，大姑娘不敢坐，彼汉装纤足，那能耐久立乎？"福晋愤甚而不敢言，归即发病。莲英之进其妹，本欲效李延年故事，而不悟上非渔色之主，所图竟不遂。连英之惎上，此亦其一原因也。内务府司员某者，年少貌美，适丧妻，孝钦遂为李妹指婚焉。武进屠敬山水部（寄）《结一庐诗集》中有宫词二首，其一云："偷随阿监入深宫，与别宫人总不同。太母上头宣赐坐，不教侍立绣屏风。"又某君《小游仙词》中一首云："汉宫谁似李延年，阿妹新承雨露偏。至竟汉皇非重色，不将金屋贮婵娟。"即咏此事也。

七三　厨役高识

甘肃牛制府鉴，少时家綦贫，徒步走千余里，至西安，肄业关中书院。无以给饔飧资，常寄食于院中之厨役某叟家。某叟伟其气宇，知必大用，不责偿也。牛后通籍，报以千金。及督两江，某叟犹健在，年逾七十矣。家亦小康，因往访牛，牛留之署中。及鸦片战事起，牛附和弈山、伊里布等，力主和议，陷陈忠愍、裕靖节于死。某叟乃大愤，驰书告其子，举家中产业，凡以牛赠金营运所殖者，悉斥卖之，汇其银至江南，计逾二千金。乃持以谒牛曰："牛先生，昔吾所以解衣推食者，以子气貌英伟，将来必大用，为国家名臣耳。岂望报乎？今子乃误国至此，吾义不受子之惠，请以昔所赠，及历年所得子金，悉还之子。吾仍为厨役，不虑饿死也。"牛亟起谢，竟拂衣去。告贷于乡人，乃得归。闻牛同乡述此事，惜竟不知其姓名矣。"牛先生"者，牛昔为诸生时，某叟常以相称者也。

七四　沈副宪之知遇

高宗纯皇帝训政时，三省□□方炽，宵旰忧勤，视朝较平时恒早数时。一日，召枢臣，俱未至，独章京吴熊光入直，遂蒙召对。是日，即降旨以熊光为军机大臣，嗣后无召见章京者。光绪甲申春，恭忠亲王、宝文靖、李文正诸公之出军机也。是日，诸公皆已至直庐，方预备入对，忽奏事内监传旨，令王大臣皆毋庸入见，而单召领班章京沈源深进内独对。于是诸公始知有大处分，前数日固毫无音息也。是日，承谕，拟旨，述旨，皆沈一人为之。沈河南祥符人，由进士部郎入直，是时方官大理寺卿。故事：领班章京，回翔未久，必补军机大臣。沈又承特达知遇如此，众谓不日必当国矣。未几，升副宪，照例出枢廷，乃竟数年不迁。仅于庚寅恩科典礼部试，旋即下世，竟未得与爰立之选。信乎升沉之有命也。

七五　某太史遗事（二则）

（一）伪为吸鸦片烟者

某相国者，讲学家也。其兼翰林院掌院学士时，延一新留馆之某太史为诸孙授读。相国生平固深恶吸食雅片烟者。太史到馆数月，宾主极相契，相国方自喜为诸孙得良师。一日，太史独坐斋中，整检箱箧中物，箧底固藏烟具，方一一拂拭刮磨，而生徒突自外入，亟掩藏之，则已无及矣。诸公孙下学归，因为相国言之。相国乃顿足太息，叹知人之不易，且惜太史之少年自暴弃也。偶退朝回，步至书斋，就太史谈。移时，因及吸烟之害，遂反覆痛切言之。太史悚息，侧听良久，倏肃然起立，涕泗被面，曰："某虽愚，亦知师言必为某而发。某不肖，未尝奉教于大君子之前。少时偶因疾病，药饵无灵，友朋因以吸烟劝。尔时不知其害，贸然从之，沉溺此中者十年矣。今闻师言，如梦初觉，十年来殆不可为人。自今日起，誓当痛绝之。"相国见其意诚，转抱不安，慰之曰："君既因病吸烟，骤绝之，恐宿疾复发。但有志戒绝，渐进可耳。”太史曰：“不然，改过贵于勇猛。向不知其为害，相与安之；今既知其非义，则斯须不可淹留。朝闻道夕死之谓何？即使触发宿疾，遂致不救，不犹愈于为吸烟之人以终乎？”乃即相国前启箧，尽取其烟具出，毁而弃之。相国大叹异，所以慰藉之良厚。太史自此日危坐斋中，不出跬步者两月余。相国谂知之，乃益服其进德之猛、改过之速，为生平所未见。留馆授职，未十年，遽保列京察一等，擢守雄郡。实则太史生平并不吸烟也。

（二）应对谐趣

太史一日偕同官诣院接见（掌院学士每月三次诣院，至则诸翰林来署，坐谈数刻。每班十人，谓之接见。侍读以下至编检皆与焉，庶子以上则否。盖翰苑职事清简，自清秘堂办事诸员外，罕有得见掌院者，故为此制，使堂属得常相见，藉以察其人之贤否也。），相国从容问曰：“君读何书？”太史答曰：“数日以来，未尝读书。适购得菊花数十盆，罗列厅事中，终日静坐其间，为养心之一助而已。”相国乃咨嗟太息曰：“数日未与君相晤语，所见又进一步矣。但君必观花始能养心，若老夫则空所依傍，虽目中未接一物，而此心常觉活泼泼地，似当较胜君矣。”太史栗然改容应曰：“吾师造诣，已至颜子心斋坐忘境界，岂门生之所敢望？门生不过略有周茂叔‘绿满窗前草不除’之意耳。”始两人问答时，旁坐九人已不禁失笑，恐失仪，皆竭力抑制之；至此，不复能忍，竟哄堂大笑，遂匆匆而散。

七六　浙案异闻

浙江葛毕氏一案，为光绪初四大案之一，自经部审平反，久成信谳矣。乃以蒙所闻，则颇有与当时案牍异者，盖葛品连虽未被谋害，要非良死，葛毕氏亦实非良家妇也。毕故余杭土妓，杨乃武与县令刘锡彤之子皆昵之。杨以诸生武断乡曲，常恃刘为护符，刘亦藉杨为爪牙。故二人相得甚欢，而以毕氏为之媒介。杨既捷秋试，家计顿裕，毕氏遂议委身事之。谋既定，为刘所侦知，乃大愤，于是谋所以陷杨者。而适有品连死事，品连者，毕之夫，鲁而懦，毕平时故庸奴畜之。品连不能堪，因乘间服阿芙蓉膏以死。刘诇知之，则大喜。即召品连之出母某氏者至，饵以厚贿，俾投状诉冤，称子被二人者谋死。县令逮杨及毕氏至，胁以严刑，五毒备施。不胜楚，皆引服。浙之士大夫则起而大愤，谓杨虽非端人，而品连实非所谋害，县令疾其把持公事，藉事锄之耳，乃合词控诸都察院。然葛品连之服毒果实，则杨之冤终无由雪。故坚称品连实病死，而非毒毙。后事下学使者覆讯，仍以原谳上。浙京官益恚，再疏争之。而刑部提讯之，旨下部檄至浙，令县令亲解尸棺入都。浙绅闻之大惧，亟谋乘夜启品连棺以他尸易之。刘令故贪鄙，署中吏役莫不恨之次骨，故无一人泄其事者。刘令行时，尚阳阳（洋洋）自得，语人曰："品连服毒固确，杨乃武终无由卸罪。吾行骑款段出都门矣。"既抵部，部臣奏请开棺蒸验。先照例询刘令是否真苦主尸棺，刘答以无讹，且循例具亲供甘结。棺既开，刘乃大愕曰："此似非真尸矣。"问官叱之曰："尔已具结于先，今尚何狡辨为?"刘遂俯首无一辞。案既结，杨及毕氏皆释放，巡抚、学使、臬司及历次承审道、府、州、县皆革职降调有差。刘令发黑龙江，遇赦不赦，时年已七十矣。

七七　镇平王树汶之狱

河南南阳府镇平县猾胥胡体安者，盗魁也。河南以多盗故，州、县皆多置胥役，以捕盗为名，大邑如滑、杞，隶卒皆多至数千人。实则大盗即窟穴其中，平时徒党四出，劫人数百里外，裒其所得，献诸魁。大府捕之急，则贿买贫民为顶凶以消案。有司颟顸，明知其故而莫敢究诘，盗风乃益炽。体安凶猾，尤冠其曹。一日，使其徒劫某邑巨室，席所有以去，鸣诸官，案久未破。巨室廉知体安所为，则上控司院。巡抚涂宗瀛檄所司名（命）捕之。体安大窘，阴与诸胥谋，以其家童王树汶者伪为己，俾役执之去。树汶初不肯承，诸役私以刑酷之，且诳以定案后决无死法，树汶始应诺。树汶年甫十五，尪羸弱小，人固知其非真盗也。县令马翥者，山东进士也，闻体安就获，则狂喜，不暇审真伪，遽驰牍禀大府，草草定案。当树汶大辟，于时体安已更姓名，充它邑总胥矣。树汶犹未之知也。刑有日，树汶自知将赴市，乃大呼曰："我邓州民王树汶也，安有所谓胡体安者？若辈许我不死，今乃食言而戮我乎？"监刑官以其言白宗瀛，宗瀛大骇，亟命停刑。下所司覆鞫之，卒未得要领。树汶自言其父名季福，居邓州业农。乃檄邓州牧朱刺史（光第）逮季福为验。未至，而宗瀛擢督两湖以去，狱事遂中变。河道总督李鹤年继豫抚任。开归陈许道任恺者，甘肃人也，先为南阳守，尝谳是狱。又与鹤年有连，于是飞羽书至邓，阻朱公，俾勿逮季福，且以危言怵之。朱公慨然曰："民命生死所系，曲直自当别白，岂有相率炀蔽，陷无辜之民以迎合上官者耶？"任恺使其党譬说百端，终不为动，竟以季福上，使与树汶相质，则果其子也。恺始大戚，知是狱果平反，己且获重咎，百计弥缝之。豫人之官御史者，乃交章论是狱，说颇侵鹤年。鹤年初无意袒恺，然出身军旅，素简贵，不屑亲吏事，又恚言路之持之急也，遂一意力反宗瀛前议。然树汶之非体安，则已通国皆知，无可掩饰，则益傅会律文，谓树汶虽非体安，然固盗从，在律强盗不分首从，皆立斩，原谳者无罪。时树汶入狱已五年，初止为体安执爨役，或曰娈童也，并无从盗事。而谳者必欲坐以把风接赃之律，于是树汶遂为此案正凶。而官吏之误捕，体安之在逃，悉置之不问矣。言者益大哗，劾鹤年庇恺，于是有派河督梅启照覆审之命。故事：钦差治狱，皆令属官鞫之，大臣特受成而已。河工诸僚佐，什九鹤年故吏，夙承鹤年意。启照已衰老，行乞休，不欲显树同异，竟以树汶为盗从，当立斩，狱遂成。言者争之益力。吴县潘文勤，时长秋官，廉得其实，乃奏请提部覆讯，且革马翥职，逮入都。于是赵舒翘方以郎中总办秋审，文勤专以是狱属之。研鞫数月，始得实行具奏矣。而鹤年使其属某道员入都为游说。某故文勤门下士，文勤入其说，遽中变，几毁旧稿，仍依原谳上矣。赵争之甚力，曰："舒翘一日不去秋审，此案一日不可动也。"方争之烈，文勤忽丁外艰去官，南皮张文达继为大司寇，文勤亦旋悟，贻书文达，自咎为门下士所误，所以慰留赵者甚力。疏上，奉旨释树汶归，戍马翥及知府马承脩极边。鹤年、启照及臬司以下承审是狱者，皆降革有差。而朱公已先以他事罣吏议，则任恺嗾鹤年为之也。方三法司会稿时，丰润张学士佩纶署副宪，阅疏稿竟，援笔增数语于牍尾曰："长大吏草菅人命之风，其患犹浅；启疆臣藐视朝廷之渐，其患实深。"云云。辇下士大夫，莫不叹为名言。一时督抚，皆为之侧目。其实此语亦有所本。当光绪丁丑刑部治葛毕氏狱，给事中王昕疏劾浙抚杨昌濬，疏中大意，即此数语也。

今礼部侍郎张亨嘉，于时以大挑知县，需次东河。启照之派员谳案也，亨嘉与焉。独持议平反，不肯附和鹤年党。比提部，部檄查取诸承审官职名，亨嘉请去己名。启照不许，乃请咨会试，陈牒刑部，述此案始未綦详，以是免议，旋即于是科成进士，入翰林。义宁陈抚部宝箴时官豫臬，当朝命启照覆讯也，陈公固心知树汶冤，以启照为其乡先辈，冀力争得转圜。而启照中先入言，卒不从。及部檄至，有谓陈公可据此自辨者，陈公谢之曰："吾不欲自解以招人过也。"遂同詈吏部议。狱之起，当光绪己卯；讫癸未春，始议结。今二十八年矣。豫人谈斯狱者犹曰："微朱公，树汶无生理也。"然体安卒无恙。（朱公号杏簪，浙江归安人，礼部侍郎祖谋之先德也。）

七八　王可庄太守失欢于宝文靖

闽县王可庄太守仁堪，光绪丁丑以进士第一人入翰林。方其未捷时，以举人官内阁中书，才名固已藉甚，诸巨公争欲罗致门下。是科宝文靖以次揆主会试，得太守，喜甚。已而文靖又奉命充教习庶吉士。庶常馆大课，赋题为《灵寿杖》，官韵中有"相"字。太守赋云："危不持而颠不扶，焉用彼相。"文靖阅之大怒，以为有意讽己也，遂终身不与太守相见。

七九　挽联

陈弢庵学士会办南洋海防，丁母忧归里。丰润张幼樵学士以联挽之曰："狄梁公奉使念吾亲，白云孤飞，将母有怀嗟陟屺。周公瑾同年小一月，东风未便，吊丧无面愧登堂。”时方当马江败后，故其辞悲愤异常。马江之役，人多以咎丰润，然丰润不过会办耳。书生夙不知兵，而受任于仓卒之际，号令不专，兵将不习，政府又力禁其先发，著著皆有取败之道。一督一抚，一船政大臣，开府有年，何竟一无备御？既知丰润调度乖方，何不先事奏参？此何等事，而可袖手旁观乎？斯时闽中大吏，殆惟幸丰润之败，而藉手于法军于取之耳，岂有丝毫为国之意耶！丰润出京时，阎文介执其手而谓之曰：“子其为晁错矣。”闽事之必败，智者莫不知之，即丰润亦未始不自知之。知之而不得不往殉之，其遇弥艰，而其心未尝不可谅也。然法帅孤拔，实为吾炮所毙；故船局虽毁，而不敢进趋省城。然则兹役虽败，犹不无尺寸之功焉，视甲午之役，孰优而孰劣也？

钱塘孙子授少司农薨于位，王巘卿农部颂蔚挽之曰：“公以枚乘给札，兼浮邱授诗，直道难行，往事不须惭醴酒；我本词馆门人，备司农掾属，文章无命，逢人犹自惜焦桐。”盖司农初为南书房翰林，后入毓庆宫，授德宗读，眷畀日隆，行陟正卿。忽以失察户部书吏案，退出毓庆宫。遂一蹶不振，郁郁以殁。故上联以申公为比，下联则农部由庶常改官部曹，故以焦桐自慨也。蒙于司农，为再传弟子。尝侍公座，为言授读时，上之天亶聪明，真非常人所及，读书不三遍即成诵，能熟背；授之讲解，未尝或忘。其或有所疑而垂询者，则皆讲义之所未及，或与他篇有牴牾同异者也，时圣龄才十四五耳。后来外间传言，谓上读书不慧者，皆谣诼之言，不足信也。

八〇 纪马江死事诸将

甲申马江之败，世皆归罪于张幼樵学士。然诸将用命，力战死绥，其忠荩实有不可没者。且法人内犯，实仗孤拔一人，自孤拔毙于炮，法人已失所恃，遂不复能纵横海上，功过亦差足相抵。较之大东沟、刘公岛诸役，其得失必有能辨之者。爰检箧中旧所录存学士为诸将请恤疏稿，录之于此：

方今朝廷锐意规复海军，听鼓鼙而思将帅，其亦有奋袂而起，以追先民之风烈者乎？

按：是役死事最烈者，为督带飞云兵轮副将衔参将高腾云，管带福星轮船五品军功陈英。

原疏叙高事云：

该参将由粤来援，论事呐呐，如不出口。前月二十六日，法增一船，诸将来请援，高腾云独义形于色，臣心异之。夜复来见，询以方略，高腾云曰："闽防之意，本以牵制，使敌不发耳。厂非战地也，但炮注子人枕戈者已一月，昼夜相持，咫尺间恐酿成战事。知帅意急欲先发，必多牵制不可得。南洋援必不来；即来，怯将亦无用，徒害事耳。”臣诘之曰：“然则奈何?”对曰：“专攻孤拔，得一当以报而已。”臣欲令其统率诸将，则辞以资望在李新明后，且曰：“水师船各自为战，非若陆军，一将能指挥十余万也。请不必纷更，坚守以待上命。”该参将既去，臣复嘱各船，就商筹策。该参将志定神完，誓死报国。是日，手发巨炮击其乌波船，一一命中。以一飞云小舰当敌人三大舰，中流坚拒不退。忽横来一炮，该参将腿为之折；复一炮，遂飞入水中而没，舟乃发火。

其叙陈事云：

该军功人极瘦弱，文理甚优。方敌舰日增，臣深忧之。陈英上书，请以各轮船合攻孤拔座船，而艇船等发火牵制下游，使各轮小商船水勇及捍雷船截其鱼雷舰，所论均有条理。臣采其论，下诸将布置略定。无如法暗约英、美先发也。陈英见英、美船骤下，急起碇誓众曰：“此吾报国日矣。吾船与炮俱小，非深入不及敌船。”敌以三船环之，舟中机损人亡不顾，但以炮向孤拔船。孤拔船受炮略退，敌复增船来持。至一时许，陈英猝中炮于望台，学生王涟随殉，船始焚毁。英、美船观战者，均称叹不置，为之深惜。

云云。

后奉旨：高腾云照总兵阵亡例，从优议恤；陈英给都司衔，照都司阵亡例，从优议恤；王涟照五品官阵亡例议恤。是役力战死者，尚有千总许寿山、叶琛，五品军功林森林三人。

八一　甲申越南战事杂纪（五则）

昨从友人斋头读鄂中吴君光耀《华峰文集》，中有《宁副将战事略》一首。其叙甲乙（申）间越南战迹与官中文牍及海内传闻有迥异者。爰撷其要而录之于此。

（一）党敏宣、陈得贵渎职被斩

甲申越南之役，两广总督张树声，前云贵总督刘长佑，暨沿江海督抚，各征兵出镇南关，是为中路之师。广西巡抚徐延旭屯谅山督师。树声遣将黄桂兰、董履高等，多淮军。延旭巽懦，不敢违总督意旨，尽用其人，而自用党敏宣、陈朝刚、陈得贵等，皆广西人。延旭倚桂兰，俾尽统诸军当前敌，驻北宁。延旭自统二十余营为后路。桂兰所统凡四十二营，在北宁，日夜酣酒，夺民间妹崽恣为荒淫，不恤军事。部下益相习无纪律，越南人怨之次骨。会有教民贿敏宣，请给军装助战。敏宣言诸桂兰。桂兰已昏醉，悉听敏宣言，教民得军装，遂助法攻官军，官军溃走，延旭逮问。朝命潘鼎新为桂抚，而以布政使王德榜署提督，代桂兰，且命斩敏宣及总兵陈得贵。敏宣以退缩，得贵则首失扶良炮台者也。时敏宣犹领三千五百人屯谅山，为桂兰军营务处。合所节制，尚二万余人，兵权甚盛。得贵所领亦千人。德榜惧其叛，秘不发，而令部将宁裕明往诱之。裕明以一骑一卒，往迎敏宣，声言筹军食，而一幕客广西人者继之。客固敏宣乡里，谓可通诚也。裕明见敏宣，邀与同往大营。敏宣不疑，单骑随之行，才入关，遽就缚。搜其身，得双响手枪二，已上子药矣。遂斩之，并斩得贵。得贵初犹侃侃辨，谓吾退炮台有将令；诘以克扣军饷事，始俯首无语。桂兰夜饵金死。朝刚亦当斩，亡命不知所在。敏宣晓相人术，自以法当死兵，故每战辄退缩，至是竟死刑。

（二）宁裕明善战

越南一役，诸将善战者，以宁裕明为第一。裕明湖南衡阳人，初随刘武慎军。甲申春，淮军既败，广东陆路提督杨玉科领广武三营屯观音桥，调裕明领右营。闰月丙午昧爽，法人由郎甲进攻观音桥。桥南北皆山，高数十丈，北岭尤斗（陡）绝。提督万叶以所部四千人屯桥南，当前敌；裕明从玉科，与提督王洪顺屯桥北，为后劲。日未晡，万叶战败，退至桥北，倚北岭而阵。法军从之入。裕明急出万叶后，登北岭绝顶，发炮下击。别伏两哨于山之左右麓，横截法军之要。法军悉力御岭上军，不虞伏兵之骤出也，大惊溃走。诸军悉众追之。至郎甲，歼其锐卒数百人。于是法人始有求和之举。洪顺不知西人好争高，乃屯山下平地，几为敌所乘。然见前敌败退，能督队不少却；万叶虽败，而部伍井井不稍乱，故卒能转败为胜。二人皆淮军良将也。万叶后怒鼎新赏不公，辞归。而裕明叙绩以千总超擢游击。会奉电旨，令退师，毋碍和议。我军如约退入镇南关，法人约退东京，乃止退北宁。裕明说玉科谓法人诈和，必不可信，宜乘机进兵。旋奉旨派员潜赴敌境侦探。诸帅皆谓无如裕明，裕明遂行。以六月乙酉发观音桥，昼伏夜行，蛮烟瘴雨，备尝艰苦。七月癸卯朔，归龙州，说鼎新宜进兵，于是遂决二次大举之议。

（三）郎甲之役

八月庚寅，我师败绩于郎甲。郎甲南距谅山十五里，北距观音桥八十里。东轮头、西太原，各百里。先是，越南教民送豕羊犒军，报法人且至。方提督友叔谓之曰："我军装未齐，营垒未固，不能速战。"越民遂去。不二日，而法兵大至矣。关外林木丛密，法人倚以自蔽，我军竟不之觉。昧爽忽闻炮声，友叔犹曰："兵勇打冷炮耳。"俄而开花弹落营中，炸死十余人，始知敌至。时筑垒未毕，军士各散就村中为食。周提督者率二千五百人骇而奔，友叔以千人亦奔。法人萃于玉科营，围之数十重。裕明令军中即无事亦戒备如对敌，故拒战独整暇，乃凭墙发枪。法人更番迭进，死伤如积。营墙猝轰倒，裕明以亲军三百人且战且掘坑。朝至日昃，法人数万，冲突数十次，卒不得入。左右呼裕明曰：“大人不速出，死伤无孑遗矣。”裕明回顾，见积尸纵横，四面皆法兵，不见援兵一人。望玉科中军，围尤厚，不知存没，乃慨然曰：“战死枪，走亦死枪，宁战死耳。”左右曰：“统领犹在。”裕明曰：“即欲出，亦必杀入。”时天已昏黑，裕明乃口衔匕首，右手纵火弹，左手持马刀，驰而斫。左右随而驰斫者，二百余人。法兵皆披靡，竟入军中。玉科左右仅数十人，尚据内濠力战。裕明于是卫玉科出。士卒死者，又五十人，伤四十余，入存者止百人耳。玉科既出，左右仅三人。由是益亲裕明，裕明亦乐为玉科用。是役也，玉科惩党敏宣前事，拒教民不使见，而友叔不知教民皆法军间谍，遽纳之入，且以实语之，故及于败。我军死千余人，法军死者亦相当，而玉科、裕明之能军乃大著。友叔被创，怨周提督之不相救也。周亦惧诛，吞金死。

（四）宁裕明不畏死

十一年正月，谅山既失守，诸军退屯镇南关内，独玉科屯关外十五里之文渊，距法军所驻五里。己酉昧爽，法军进犯。裕明阵中岭，身当前敌，分兵据左、右二岭。左岭徐占魁当之，右岭廖应昌当之。玉科驻大塘岭上督战，后裕明阵里许。绥甫交，占魁炮伤足，遽回营。应昌惧而奔，一军随之。独裕明督所部力战，法人分兵从右岭入。玉科见应昌败，虑裕明力单，遣提督刘思河率中营亲兵助之。思河持马刀来，裕明谓：“且置刀，亟蹲而发枪。”

语未毕，炮弹已洞穿思河胸，玉科亦负两伤，一中头太阳，一洞腹。裕明不知玉科之伤且死也，犹遣红旗，索玉科诸营子药尽与我，我不收队矣。红旗报玉科阵亡，裕明乃痛泪曰：“主帅死，我须性命何为？兄弟不能战者，请逃死；不惧死者，请随我，为主帅复仇。”众皆哭曰：“愿从死。”裕明冲法军，击死一五画金线者，或曰法总统之婿也。是时炮声如雷霆，子飞如风雨，枪连环如数万爆竹齐发，如倒岩墙，非忘生死者，不敢斯须立也。裕明倏中弹，洞右颊而出，血流满身。裕明犹不知，但持刀督军士前进。士皆大哭曰：“大人戴花矣。”戴花者，军中中炮之隐语也，争扶掖入关。裕明不肯，谓死亦当在关外。左右绐之，谓玉科尚未死，乃强舆入关。王德榜尝拊裕明背而调之曰：“人言我王老虎胆大，汝胆乃大过我耶。”

（五）小南关大捷

二月戊寅，法人攻陷关前隘。隘北五里有三山，如品字，曰小南关。冯子材统十营，三营屯山上，七营屯山下。是日，法人以奇兵趣镇南关东岭，出间道袭夺小南关。裕明方养创凭祥，闻炮声，裹创飞骑至，则冯军已败下山。裕明从山北冲上，马刀斫法人，法人披靡。于是诸军相继登。德榜屯油隘，亦闻炮声，遣都司陈得胜间道赴援。留旗帜油隘为疑兵，而自率亲军施放火箭，横杀入关，截法人辎重。法人前后受敌，乃败走。南方卑湿，春草方生，洋人革履滑，辄颠入草中。迫追兵，又不得正路，穷急哀呼相闻。我军战胜，气益猛，乘日光穷追，斩馘法人数千级。法人被杀急，则投枪降，去帽为叩首状，以手捍颈。军士愤法人甚，卒杀不止，人遂谓中国人无礼也。法人一败不复整，败文渊、败谅山、败谷松、败威坡、败长庆、败船头。由北而南，八日夜退二百余里。诸军欢呼，谓恢北圻、复东京有日矣，而停战之诏书遽下。

八二　章高元失青岛之遗闻

德人之据青岛也，守将章高元叠电总署，谓被德人诱之登舟，幽诸舟中，迫胁万端，终不为动。此事后掩饰之辞，非实录也。初，青岛既开辟，政府拟建为海军根据地，以文、武大员二人守之。文员为山东道员黔人蒋某，武员则高元也。会丁酉乡试，蒋奉调回省，防务乃为高元一人所专。是日，日方正中，炮台上戊（戍）兵偶以远镜周瞩海中，忽隐隐见兵船一艘破浪而来，疑之，谓外国兵轮何事至者？再审睇之，则更有数艘衔尾继至，急使人报知高元，高元方与幕客数人为麻雀戏，怡然曰："彼自游行海中，偶经此地耳，何预吾事，而尔等张皇如是。"俄顷，船已抵岸，始辨为德人旗帜。旋有水兵三四人由船中出，登岸买纸笔数事而去。移时，即以照会函抵高元署中。高元赌方酣，竟掷之几上，漫不拆视，喃喃曰："是何大事，来溷乃公。"又历食顷，赌倦少憩，一幕客取牍欲启封，高元尚尼之。幕客曰："封已启矣，姑视其中作何语者。”既启，某客遽狂呼“咄咄怪事”，高元始取视。乃知德人勒令，于二十四钟内将全岛让出也。高元遽推案，尽翻赌具于地下，令迅速开队，亟出署，则德兵已满衢市。队既齐，将士皆挟空枪无子药，急返库中领取，则库已为敌所占矣，乃大窘。高元曰：“既不能战，吾惟有与之论理耳。”亟诣德将，侃侃与辨。德将夷然曰：“此事吾奉本国训条行事，实无理之可言。汝但全师退出而已，吾亦不汝害也。”高元终不许，遂幽之署中。高元故健将，然非方面才，法人犯基隆时，力战尝有功，恃勇而骄，漫无预备，以至于此。

八三　服妖

服妖之说，凿然有之。辛有伊川之叹，子臧聚鹬之事，三代前已启其端。昔史所记，如南唐之天水碧，北宋之女真妆，南宋之错到底、快上马。其事皆信而有征。盖国之将亡，其朕兆先见于起居、服御之间。气机所感，固有莫之为而为者，不得谓五行家武断附会之说也。光绪中叶，辇下王公贝勒，暨贵游子弟，皆好作乞丐装。余尝亲见之，不知其所自始，而一国若狂，争以寒乞相尚。初仅见诸满洲巨室，继而汉大臣之子孙亦争效之。淄川毕东河尚书之诸孙，盖无人不作此装也，今其家已式微矣。犹忆壬辰夏六月，京师熇暑特盛，偶登锦秋墩逭暑。锦秋墩者，在南西门内，直陶然亭之北，都人呼之曰窑台。崔然小阜，高不及二丈，顶平宽可亩许，杂树环之，四围皆苇塘，无人家烟火，故盛夏无暑气。每岁午节后，辄有人设茶肆于此。陈百戏杂要，兼沽村酒，竹篱茅棚，颇有村落间气象也。邻座一少年，面黧黑枯瘠如尫，盘辫发于顶，以骨簪贯之。（京师无赖子，夏间皆作是装。）袒裼赤足，仅著一犊鼻裈，长不及膝，秽黑破碎，几不能蔽其私。脚蹑草履，破旧亦如之。最奇者，右拇指穿一汉玉班（扳）指，数百金物也。雕羽扇一，碧玉为之柄，价亦不下百金。箕踞而饮酒。聆所谈，皆市井秽亵语。然酒家佣奔走其侧无停晷，趋事惟谨，不类侍他客，方深异之。俄而夕阳在山，游人络绎归，忽见台下一朱轮后档车，行马二十余拥之。众皆大诧，因驻足观其竟。则见有冠三品冠、拖花翎者两人，作侍卫状，一捧帽合衣包，一持盥盘、漱盂之属，诣少年侧，鹄立启曰："大爷，舆已驾矣。傍晚尚有某王府饭局，须早去也。"少年竦然起，取巾靧面讫，一举首，观者愈惊愕，几失声。盖向之黧黑者，忽变而白如冠玉也，然后悟其以煤炭涂面耳。盥漱既竟，徐徐著衣冠，则宝石顶而三眼翎者。两侍卫拥以下，既登车，游龙流水，顷刻渺矣。庸保乃耳语余曰："此某贝勒也。"余益骇曰："何至是？"友人哂曰："君尚不知辇下贵人之风气乎？"乃屈指为述某王、某公、某都统、某公子，皆作是时世妆。若此贝勒者，犹其稍守绳检者耳。因慨然曰："不及十年，其将有神州陆沈之变乎？"友人故旗籍，官内务府，故知之如此其悉也。果未及十年，而有庚子之乱，闻王公大臣之陷虏者，克勤郡王为洋兵所迫，日负死尸，怀塔布为使馆担粪，吞声忍辱，甚至被鞭笞，莫敢自明。呜呼，“宝玦青珊，路隅饮泣；荆棘十日，身鲜完肤。”哀王孙之诗，乃于吾身亲见之矣。痛定思痛之余，其亦有能力洒斯耻者乎，亦尚有乐从牧豕儿游者乎？

八四　庚子拳乱轶闻（七则）

（一）徐用仪贪位遭祸

庚子之变，正士碎首，公卿骈戮，自开国以来所仅见。被难诸公，其尤为无妄之灾者，则海盐徐大司马（用仪）是已。徐公由户部小京官考取军机章京，洊至正卿，官京师四十余年。畏慎小心，遇事模棱，有孔光、冯道之风，而竟与袁、许诸贤同遘奇祸，实出意料之外。盖东海（徐荫轩相国）深恶其人，必欲杀之而后快。方甲午之役，徐公以少宰为军机大臣，而东海以大学士管吏部。时东海久不召见，一日忽入内，散直后至吏部。徐公已先在，迎谓曰：“闻中堂今日有封事，内容可得闻乎？”东海拈髯微笑曰：“无他言，但窃附《春秋》之义，责备贤者耳。”盖即劾济宁（孙文恪毓汶）及徐公也。后徐公之出军机，此疏有力焉，其怨深矣。戊戌政变后，徐公再入总署，意甚得。所亲有劝以时事方艰，当乞身勇退者，徐曰：“吾通籍将五十年，竟不得一日为尚书，孤负此生矣。终须一陟正卿，始乞退耳。”后果擢大司马，甫月余而难作。徐公与瑞安黄漱兰侍郎为儿女亲，拳祸未作时，侍郎在里门以书贻之，封识重重。启视之，仅素纸一幅，擘窠书“水竹居”三字而已。水竹居者，徐公里中别墅名也。侍郎盖以此惎其归，徐终不悟，竟及于难。徐死时，年逾七十矣。

（二）许侍郎、袁太常被诓授命

浙右老儒某君者，与许竹筼侍郎为布衣交。自侍郎持节欧西，即入其幕中，十余年未尝一日去左右。某君尝为人言：侍郎下狱之日，晨起，都市尚平安，寂寂无所闻，日晡饭罢，方坐书室中与某君闲谈，一面令从者驾车，云将赴总署。未及整衣冠，忽阍人持一名刺入，云有客来见。侍郎审其名，非素所识，令阍人辞以即赴总署有要事，不暇接见。阍人出，须臾复入，则来者自云系总署听差武弁，奉庆邸命，请许大人即入署，两邸诸堂已先在，云有要公待商也。侍郎乃出见之。立谈数语，某弁即辞出。侍郎乃入，具衣冠，语某君曰：“昨晚散署时，未闻有何要事，何今日两邸诸堂同时俱集耶？”君曰：“想必有事。公出，我亦欲至城外，看外间消息如何。”言已遂去，俄复入云：“请公之某弁尚未去，方在门外，顾盼非常，甚可疑诧。且总署武弁数人，吾备识之，未尝见此人也。公可多带数人去，有不测，当饬其还报也。”侍郎笑置之，不以为意。及驱车出胡同口，则尚有提署番役数人俟焉。某弁一指挥，争蜂拥侍郎车，不东向而北驶。问何故，则曰："今日议事在提署，不在总署也。"有顷，至步军统领衙门。某弁即扶侍郎下车，而尽斥其从者使还，曰："此间有人伺候大人，不须汝等矣。"侍郎入，引至一小室内，即反扃其门而去。侍郎闻隔壁室内有一人叱咤声。审之，即袁太常也，然亦不得相见。从者既归，某君大惊愕，急诣王文勤宅探闻消息，并请其论救。文勤尚不信，曰："顷散直时，并未奉旨，安得有此事耶?"某君奔走终夜，卒不获要领。三鼓后，始闻侍郎及太帝（常）皆送刑部。次早，又得刑部某部郎密书，谓顷者堂官从内出，即饬预备红绒绳，恐目前即有不测。故事：大臣临刑必用红绒绳面缚也。某君得书，犹欲诣文勤乞援。甫出门，闻人言囚车已出城。乃急奔赴南市，则二公皆已授命。监刑者徐侍郎承煜，已驱车入城复旨矣。

（三）立尚书赴刑秘闻

逢福陔观察言，立豫甫尚书之死，人皆知为拳匪涎其财富，而不知尚书与澜公别有交涉。其死也，澜实与有力焉。先是，都下有名妓曰绿柔者，艳绝一时，澜与立皆昵之，争欲贮诸金屋。是时，澜尚闲散无差事，颇窘于资，故不能与立争，绿柔卒归立。澜以是衔立次骨。及是，遂倾之以报。联荇仙学士之上封事，请停攻使馆也，出遇崇文山上公于景运门外，崇讶曰："荇仙何事，今日未明入直耶?"学士告以故。崇勃然曰："荇仙，君自忘为吾满洲人乎？乃效彼汉奸所为？”（学士点庶常时，崇为阅卷大臣，固师生也。）学士毫不逊谢，竟拂衣出，崇益怒。未数日，学士遂赴西市矣。是日，学士已赴市，将就刑，忽见一大师兄，红衣冠，由宣武门出，怒马骤驰。骑后尚拖一巨物，尘埃坌涌，观者皆莫辨。俄顷至刑所，始知为一人，缚手足，系诸马蹄，面目已毁败，不可复辨。私问诸番役，乃知为立尚书也。

（四）廖尚书绝处逢生

立、联既死，端、刚诸人犹不慊，将以次尽杀异议诸臣。廖仲山尚书寿恒，时已罢军机及总署大臣，然其初入枢庭，固常熟所汲引者，故端、刚恶之尤甚。已定于七月□十□日斩异议者数人，而尚书为之首。时诸人亦不复秘密，辇下几无人不知。尚书于时已尽遣家属出都，而身寓东华门外一小寺中，闻耗大惧，属其戚某制府乞哀于荣相，荣相允之。翼日，谓某制府曰：“仲山事无望矣。吾今日入对时，百计为乞恩，叩首无数，而慈意竟不可回。奈何，君可传语伊，早自裁可也。”某制府以语尚书，尚书竟不能引决。会先期一日，联军入城，乃得脱，匆匆南归。寺僧为人言，方事急时，尚书在室中环走三日夜未停步，不语亦不食，面殆无人色云。

（五）刘可毅验刑死之言

江苏刘编修可毅，以甲午恩科南宫第一人入翰林。都下传刊题名录，或讹为“可杀”，一时引为笑谈，而编修心疾其不祥。既留馆，一日与朋辈数人诣一星士。星士谓之曰：“君将来必死于刑。”编修益大惧，念词曹清简，无抵触刑章之理，或将来以科场事被累，如咸丰戊午之狱乎？由是遂不敢考差。然翰林俸入微薄，无他差可资津贴，奴仆、债主皆望其三年一差。倘不考差，则米盐无从赊取，而仆辈亦将望望然去之。于是，每试辄不终场而出。家中人不知，犹望其得差也。及是，乃被拳匪所戕，刑死之言竟验。

（六）荣禄令虚使馆

董军攻使馆，十余日不能下，朝旨召武卫军开花炮队入都助攻。今天津总兵张怀芝方为武卫军分统，奉檄率所部入都。荣相以城垣逼近使馆，居高临下，最便俯攻，即饬怀芝以所部登城，安置炮位。炮垂发矣，怀芝忽心动，令部将且止毋放，而急下城诣荣相邸，请曰：“城垣距使馆仅尺咫地，炮一发，合馆立成齑粉矣。不虑攻之不克，虑既克之后，别起交涉，怀芝将为祸首耳。请中堂速发一手谕，俾怀芝得据以行事。”言之数四，荣相终无言。怀芝乃曰：“中堂今日不发令，怀芝终不肯退。”荣相不得已，乃谓之曰：“横竖炮声一出，里边总是听得见的。”怀芝悟，即匆匆辞出。至城上，乃阳言顷者测量未的，须重测始可命中。于是尽移炮位，向使馆外空地射击一昼夜，未损使馆分毫，而停攻之中旨下矣。

（七）荣禄保王文勤免诛

是役也，仁和王文勤公文韶亦几不免。五忠正法后，端庶人之弟载澜上疏言攻使馆事，而附片奏称：“诸臣通敌者已尽寘典刑，独王文韶在耳。斩草不除根，深恐终贻后患，请并诛之，以清朝列。”疏至枢廷，荣相先阅看，阅毕，急纳其附片于袖中，乃以正折授文勤。文勤阅至竟，犹询左右曰：“澜公尚有一附片，今安在耶？”荣相徐应曰：“想留中未下耳。”有顷，同入见。奏事既毕，荣相徐出澜奏片于袖中，曰：“载澜此奏，可谓荒缪绝伦，请太后传旨申斥。”后沈吟久之，始厉色曰：“汝能保此人无异志乎？”荣顿首曰：“纵朝臣尽有贰心，此人亦必不尔。奴才敢以百口保之。”后犹迟疑良久，始曰：“果尔，吾即以此人交付汝。倘有变，汝当与同罪。”荣复顿首谢恩，乃起趋出。文勤耳故重听，又所跽处去御座稍远，始终竟不知后与荣所言者何事。后荣向人述及此事云，方力争时，后声色俱厉，数怒目睨文勤。同列皆战栗无人色，而文勤含笑，犹自若也。

八五　张樵野侍郎遗翰（三则）

（一）天生奇才多遭毁

南海张樵野侍郎荫桓起家簿尉，粗识字。中岁始力学，四十后即出持使节，入赞总署，而骈散文诗，皆能卓然成家；余力作画，亦超逸绝尘，真奇材也。生平做事，不拘绳尺，且以流外官，致身卿贰，辇下诸贵人尤疾之，以故毁多于誉，然干局实远出诸公上。戊戌五月，常熟去国时，侍郎亦被人参奏。闻东朝已有旨，饬步军统领即日前往抄籍矣，以荣禄力谏而止。实则荣禄别有用心，非为侍郎乞恩也。尝见其为人所画便面，湿云滃郁，作欲雨状。云气中露纸鸢一角，一童子牵其线，立一危石上。自题诗其上曰："天边任尔风云变，握定丝纶总不惊。"盖即此数日中所作也。

（二）诗笔清苍深重

侍郎诗笔清苍深重，接武少陵、眉山，视高达夫之五十为诗盖有过之。尝得其遗诗一卷，皆遣戍西行时关内外途中所作。爰择其尤者录之。

《九月晦，渭南道中得廉卿祭酒书，述敝居及垲儿踪迹，奉答》一诗云：

无限艰危一纸书，二千里外话京居。
覆巢几见能完卵，解网何曾竟漏鱼。
百石斋随黄叶散，两家春与绿杨虚。
霸桥不为寻诗去，每忆高情泪引裾。

一气关生，情文交挚。何大复浔阳江上之作，无以过之。

《留别邓锦亭军门》云：

交臂京华感慨深，祇（只）凭秋雁寄边音。
艰难三箭痕犹在，仓卒离筵酒共斟。
瘴海同乡知韦叡，天山旧迹访裴岑。
长途旌旆劳相送，万古难忘此夜心。

其歌行浑灏流转，尤深入坡老之室。《周式如太守以钱叔美〈入关图〉为赠，赋诗奉酬》云：

松壶画笔时所珍，派别宋元逾三文。
《入关图》为蒋侯绘，玉门归鞚嘶边尘。
款署南阳岁癸未，阅世行将八十春。
桃花如笑簇鞭影，晴川野馆山峋嶙。
矮松红柳互映带，大旗猎猎悬城闉。
风沙万里羌无垠，至此似觉天回温。
伯生赀郎原通人，丹青赖尔能传神。
一艺升沈会前定，坎壈岂独曹将军。
海王声价日骤长，广搜始自潘文勤。
伊余藏庋本非俭，巢覆散作凉秋云。
天涯作伴祇（只）王恽，米船未许充劳薪。
使君投赠吉语真，仿佛仙梵室中闻。
蹇驴一夕压球壁，怪底宝气腾氤氲。
廿年京邸相过频，屡困南箕伤溷茵。

便宜坊夜炙鸭臛，迢迢情味犹在唇。
从兹中外顿契阔，一麾西迈悭片鳞。
无端遇合岁云暮，严遣何敢行逡巡。
此身九死不忍述，合检寒具供陶甄。
天教生入作左券，愿乞山水作廛民。

呜呼，孰料玉门既出，遂无生入之望也哉！侍郎富名迹，收藏石谷卷轴至多，尝建百石斋以储之。自被祸后，桓玄寒具，遂成云烟之散没矣。其《度乌稍（梢）岭寄督部陶公并怀拙存征士》云：

镇羌破驿不任住，大风吹送龙潭去。
乌稍（梢）岭势原平夷，往来辄与昏霾遇。
行人视此如险艰，材官亟劝勿犹豫。
沙沟石滑丛冰积，独木危桥一川注。
几经跋涉达山趾，三五人家杂牧竖。
坡陀数折如龟穹，时见烟墩间电柱。
岭巅孤峙韩湘词，贶及逐臣征吉语。
严程何暇叩山扉，但见冰厓浮绀宇。
自从秋度四天门，河潼二华忘朝暮。
疲极虚瞻玉女盆，饥来安得仙人露。
六盘青岚倍幽隽，酬酒山灵或题句。
征途计日过伊凉，羌笛吹残玉门树。
邮亭三九犹晴暄，天不绝人况编戍。

狞飙岂有终朝鸣，四顾青苍散妖雾。
沿山旧垒相委蛇，云是防边最要处。
前年鼙鼓蹙西宁，汉回血战洮湟腥。
董军捷奏太子寺，公侯从此资干城。
急移胜兵控山海，更募健儿充神京。
毷斋经略逾万里，夹袋别已储三明。
花门活佛并苏息，宵昼出没无鼯鼪。
陇云蔼蔼（霭霭）补宫柳，竹头木屑皆有情。
沈蒲教肃气静穆，上流节钺流休声。
庄浪水利以时拓，尽收刀剑趋牛耕。
荷戈且廑仁人矜，调护苦待冰桥成。
溪壑回春在何许，去德滋远心摇旌。
纪群高集今咸英，侍行求已言为经。
灵光殿赋不足拟，说偈宜使蟒泪零。
时艰更期保玉体，补缀云物酬升平。

摘句如《和张子渔〈咏梅〉》云：

“寒侵修竹犹堪侣，世有孤花贵善藏。”
“已无水部吟东阁，几见星躔指少微。
别墅岂曾萌远志，西州谁为寄当归。”
“方朔善谐嗔阿母，朝云香梦伴东坡。
调羹事业原虚语，酒晕无端入醉哦。”
“路逢驿马香何恋，冷忆弓蛇影未弛。”

《寄赵次珊方伯》云：

> 五云楼阁调羹手，万里关河负米心。

皆兴象深微，别有寄托。

（三）屡受阎文介举荐

侍郎之进用，由于阎文介之汲引。初以山东道员召为太常寺少卿，充总理各国事务衙门大臣，骎骎大用矣。会京朝士大夫以其出身不由科第，故挟全力挤之。直总署未数月，复出为大顺广道。既而美使缺，文介复力保，遂再授少常出使，洊至侍郎，加尚书衔。侍郎于合肥，晚年颇隙末，而于朝邑风义，顾始终弗替。文介之薨也，遗疏忤孝钦意，饰（恤）典独薄。礼官以赐谥请，几靳不予。后卒得转圜者，侍郎力也。

八六　中堂之识字

刚毅为刑部尚书，上官日与诸司员言，称皋陶为“舜王爷驾前刑部尚书皋大人皋陶（“陶”字读本音）。此事早脍炙人口，而不知犹有令人发噱者。其在刑部日，提牢厅每报狱囚瘐毙之稿件，辄提笔改为“瘦”字，且申斥诸司员不识字，诸司员咸匿笑而已。在军机时，四川奏报剿番夷获胜一折中有“追奔逐北”一语，刚览折忽大怒，谓川督何不小心至此，奏折可任意错讹耶！拟请传旨申斥。众诧而问之，则曰："此必'逐奔追比'之讹，盖因逆夷奔逃，逐而获之，追比其往时掠去汉人之财物也。若作'逐北'，安知奔者之不向东、西、南，而独向北乎?"常熟在旁，忍笑为解其义，刚终摇首不谓然。

八七　尚书忠爱

戊戌政变时，长沙徐寿蘅尚书树铭为大司空。是日方入署，独坐堂上，忽传太后训政之旨下，又闻派步军统领往抄南海馆。急肃衣冠出堂，北向顿首。每一顿首，辄呼"女中尧舜"者一。九呼九顿首，始起。近日读某说部，以事属诸徐进斋侍郎寿朋者，误也。徐侍郎是时方由皖臬赏三品京堂，出使高丽，尚未为侍郎。

八八　刘博泉侍郎之直

吴桥刘博泉侍郎恩溥，光绪初官御史，以敢言称，与邓铁香鸿胪齐名。然其奏疏中颇好为滑稽之辞。词意抑扬，若嘲若讽，与鸿胪之朴实无华者迥异。宗室某甲设赌局于皇城内，有旗人某乙者，亦世家子，以饮博倾其家，贫无立锥。一日博偶赢，往索博进，竟被殴死。其尸暴露城隅者二十余日，无人为收敛。官亦畏某甲势，不敢过问。侍郎乃上疏言其事，略谓：

> 某甲托体天家，势焰熏灼。某乙何人，而敢贸然往犯威重。攒殴致死，固由自取。某甲以天潢贵胄，区区杀一平人，理势应尔，臣亦不敢干预。唯念圣朝怙冒之仁，草木鸟兽，咸沾恩泽。而某乙尸骸暴露，日饱乌鸢，揆以先王泽及枯骨之义，似非盛世所宜，合无饬下地方官检视掩埋，似亦仁政之一端也。

云云。

此疏词气愤懑，尤乖奏对之体。盖其时清流诸君子，意气甚盛，侍郎知朝局不久必变，恐被波及，欲先藉微罪以行，与嘉庆时吴省兰之保王昙工掌心雷，同一用意耳。然疏上，竟未蒙谴责，原折且发抄。自此遂缄口结舌，等于仗马矣。庚子秋，侍郎且躬为统领义和团大臣云。

八九　张文襄遗事（二则）

（一）宴客笑话

同、光间，某科会试场后，潘文勤、张文襄两公大集公车名士燕于江亭。先旬日发柬，经学者、史学者、小学者、金石学者、舆地学者、历算学者、骈散文者、诗词者，各为一单。州分部居，不相杂厕。至期，来者百余人，两公一一纡尊延接。是日，天朗气清，游人亦各兴高采烈，飞辨元黄，雕龙炙輠，联吟对奕，余兴未沫。俄而日之夕矣，诸人皆有饥色。文勤问文襄：“今日肴馔，令何家承办？”文襄愕然曰：“忘之矣，今当奈何？”不得已，饬从者赴近市酒楼，唤十余席至，皆急就章也。沽酒市脯，重以馁败，饭尤粗粝。众已惫莫能兴，则勉强下咽，狼狈而归，有患腹疾者。都人至今以为笑谈。

（二）三日不寐

文襄自言夙生乃一老猿，能十余夕不交睫。其督蜀学时，一日出城，游浣花草堂，偶集杜诗二语为楹帖，欲系以跋。因坐而属思，稿数十易，终不惬，然已三日夜不寐矣。侍者更番下直，犹不支，困而僵者相属也，而文襄从容如平时。及挥毫落纸，则仅集本集句四字而已。书成，始欣然命驾归。

卷　下

九〇　都门词事汇录（七则）

二十年来，中外多故，词人哀时闵世不敢显言，往往托为吊古咏物之作，以寄其幽忧忠爱之志。非得同时人为之笺解爬梳，数十年后读者不复知为何语矣。今夏溽暑逼人，聊取王佑遐黄门《半塘词》及朱古微侍郎彊村词读之，见其中多有涉及时事者，爰就所记忆，拉杂录之，不能得其什一也。

（一）半塘老人《游仙词》

佑遐《味梨集》中有《望江南》小游仙词十五首，皆咏颐和园故实，录之以当诗史：

其一

排云立，飞观耸神霄。双鹤每邀王母驭，六龙时见玉宸朝，阿阁凤皇巢。

其二

山径转，云磴郁盘纡。闻道炼颜仙姥健，御风不用日华车，飞佩响琼裾。

（孝钦晚年甚健，每游园，登山陟磴，步履若飞，宫婢有追随不及者。）

其三

云木杪，瑶殿敞山阿。天上也思安乐好，璇题新署小行窝，富贵到烟萝。

其四

金阙秘，朝暮降真仙。甲乙亲排承直日，英皇分侍上清筵，来往各翩然。

其五

新涨落，荇藻碧参差。偶驾潜虬凌弱水，人间遥指是晴霓，金翠接天西。

其六

多少事，天上异人间。电入夜城光不灭，月临蓬岛影长圆，云水共澄鲜。

（此指电灯。）

其七

壶中静，挥洒出天真。题榜少霞官阁吏，侍书南岳召夫人，清极绝纤尘。

（侍书夫人，疑指缪素筠。）

其八

烟柳外，空翠湿衣裾。三塔高低连北镇，六桥缥缈似西湖，图画定谁如。

其九

屏山曲，云母绕周遭。玉座重重遮锦幄，琪花密密护仙茅，寒重觉天高。

其十

阑干侧，风景更谁同。千步长廊随曲水，万株寒翠间鞋红，迎面碧芙蓉。

其十一

琉璃壁，云影四周回。不遣轻尘粘舞席，爱移行幛傍歌台，羯鼓报花开。

其十二

云水畔，奇幻绝人寰。泛海灵槎疑化石，出林高阁欲藏山，休作化城看。

其十三

仙路迥，天外望青鸾。最是闲云鸡犬乐。因缘分得鼎余丹，长日守松坛。

其十四

骖鸾路，行近意都迷。柳岸风轻烟絮软，芝田日暖药苗肥，云控漫如飞。

其十五

游仙乐，弹指现林邱。宝气远腾天北极，豪情亲遏海西流，终古不知愁。

（二）九九消寒图

“亭前垂柳，珍重待春风。”两句九言，言各九画。宣庙御制词中语也。懋勤殿谨依原迹，双钩装幅，为《九九销寒图》，题曰《管城春满》。南斋诸臣按日填注，阴晴风雪，日填一画。八十一日而毕，岁为故事。归安朱古微《宗伯集》中有《齐天乐》一首咏此，词云：

龙池浅色东风缓，春光管城先透。三起三眠，一波一磔，妆点销寒时候。酥钿九九，换新样宫绡，墨尘双逗，鹊尾香中，几呵挥翰玉堂手。　清吟天上事远，御屏宣侍处，玉案乌袖。六琯光阴，百年文物，不是寻常怀旧。芳韶尽有。梦不到灵和，雨滋烟溜。自擘苔笺，细真梅蕊瘦。

（三）鹧鸪天 咏〔史〕

黄门《半塘词》中，多以《鹧鸪天》咏史之作，实皆风议时事之什也，定稿中仅留五首。

其一

笑里重簪金步摇，鹦哥学语尽能骄。只愁淡月朦胧影，难验微波上下潮。 笺十色，烛三条，东风从此得愁苗。灵蕤秘记分明在，回首神峰万仞高。

此当指丙申、丁酉间事，沤翁曾为述其大略，惜忘之矣。

其二

卅载龙门世共倾，腐儒何意占狂名。武安私第方称寿，临贺严装早办行。 惊割席，忆横经，天涯明日是春城。上尊未拜官家赐，头白江湖号更生。

其三

群彦英英祖国门，向来宏长属平津。临歧独下苍生泪，八百孤寒愧此君。 倾别酒，促归轮，壮怀枉自托风云。剧怜彩鹢乘涛处，亲见蓬莱海上尘。

两首皆指常熟去国事。

其四

属国归来重列卿，杨家金穴旧知名。似传重订冰天录，那得长谣颍水清。　　仙仗入，箧书倾，空令请剑壮朱生。好奇事尽归方朔，殿角微闻叩首声。

此首指南海张樵野尚书事。

其五

注籍常通神虎门，书生恩遇本无伦。鬼神语秘惊前席，挽辂谋工拾后尘。　　空折角，笔埋轮，寓言秦鹿底翻新。可怜一哄成何事，赢得班姬苦乞身。

此首为朱古微学士、张次珊参议劾某官事发。折角、埋轮，指两人姓也。

（四）纪翁协揆去国

常熟之去国也，正当戊戌变法之初。彊村词中有《丹凤吟》一首，题为《和半塘四月二十七日雨霁之作》，即咏此事也，其词云：

断送园林如绣，雨湿朱幡，尘飘芳阁。黄昏独立，依旧好春帘幕。分明俊侣，霎时乖阻，镜凤盟寒，衫鸾妆薄。漫托青禽寄语，细认银钩珠泪，潸透笺角。　　此后别肠寸寸，去魂总怯波浪恶。夜暝天寒处，拼铅红都洗，眉翠潜铄。旧情未诉，已是一江潮落。红烛玉钗恩易断，悔圆纨重握。影娥梦里，知甚时念着？

（五）咏珍妃殉国事

珍妃殉国一事，与孝哲皇后之殉节，义烈哀惨同为千古所未有。彊村集中《声声慢》一首，题为《十一月十九日味聃以落叶词见示感和》，即赋此事也。词云：

鸣螿颓堿，吹蝶空枝，飘蓬人意相怜。一片离魂，斜阳摇梦成烟。香沟旧题红处，拼禁花憔悴年年。寒信急，又神宫凄奏，分付哀弦。　　终古巢鸾无分，正飞霜金井，抛断缠绵。起舞回风，才知恩怨无端。天阴洞庭波阔，夜沉沉流恨湘弦。摇落事，向空山休问杜鹃。

又两家词中《金明池·咏扇子湘荷花》一首，其后阕亦暗指此事。王云：

忽涌飞尘惊掠鬓，怕水佩风襟，旧情难问。芳时换，哀蝉曲破，花梦短，野鸳睡稳。　　袅香烟，复道垂杨，望太乙仙舟，归期难准。剩泣露欹椠，飘零铅泪，悄共铜仙偷揾。

朱云：

拗折西风丝寸寸，漫觅醉仙浆，碧筒深引。霓裳舞，今宵叠遍，檠泪影，明朝吹尽。　　尽相思，太液秋容，但坠粉空房，石鳞沈恨。怕玉井峰头，月昏烟淡，翠被余香愁损。

（六）咏雏伶五九事

京师雏伶五九者，以色艺名丁戊间，南海张樵野侍郎昵之。侍郎之谴戍也，门生故吏无敢往送行者，五九独弃所业，追送至西安而后返。都下一时称为义伶。两家集中各有《氏州第一》一首，即咏此事。

王云：

何事干卿，笙凤唤起，当歌对酒情抱。舞扇留云，边笳诉月，凄绝荣华露草。三五年时，记旧约拢房深窈。张绪风前，秦宫花底，负春多少。又试新声莺燕小。　　话前事、乱愁谁埽（扫）。迷蝶春心，闻蝉客思，甚梦醒人杳。乍开帘、惊见处，歌尘惹、闲情绝倒。玉笛从今，定愁翻、伊凉别调。

朱云：

轻薄筝尘，零乱钿粉，当筵恨压眉小。密绪连环，清吭掩扇，凄隔秦天缥缈。蕃马屏风，有暗月窥人偷照。玉杵深盟，金钱浅掷，顿催欢老。　八九惊乌栖树少。定输与、羁雌鸣绕。毳幕思新，珠田梦远，蓦并归愁抱。惹花前、闲泪落，停杯处、相看一笑。谁打鸳鸯，锦塘空、孤眠到晓。

（七）纪王焕事

沤尹集中《凤衔杯》一首，哀山阴王郎中焕也。焕字辅臣，仪貌映丽，才思倜傥，颇以天下才自负，入赀为工部郎，与寿山为昆弟交。寿山官侍卫，贫窭甚，几不给馆粥，赖焕时时卵翼之。焕恒鬻室人簪珥衣饰，以资寿山。寿山感焕甚，誓富贵无相忘也。俄而寿山以刚毅荐，出为黑龙江将军，因奏调焕同往。军府之事，悉以委之。焕窃自喜，得藉此发舒。视官事如家事，经画区处，井井有绪，寿山声誉日隆起。已而都下拳祸作，东三省奸民亦纷纷应之。寿山承中朝意旨一意招抚，且将尽除境内教士、西商，焕力陈不可，寿山弗听。焕争之急，寿山大忿，遽攘袂大诟，立逐焕出署。焕知不可谏，亦遂驱车南返。行三日矣，寿山回念前事，益忿戾。忽转念，谓焕此去入都，必且毁己。且其沮义举，为外人游说，心尤不可问。彼既无君臣之伦，吾安能复顾友朋之谊，不速除之，将有后患。因召材官数人，授以健马，令速追焕还省。焕方在中途，见材官来，以为寿山有悔祸之心，仍用己谋也，乃欣然返。至军署，则寿山已盛服坐堂皇，健儿数百左右侍，乃大惊。寿山见焕至，愤怒跳踉，不复可遏，命侍者捽焕使跪，拍案大詈，叱其不忠，立命缚出斩之。未逾月，寿山亦败死。词云：

斡难河北阵云寒，咽西风、邻笛凄然。说着旧恩新怨、总无端，谁与问、九重泉。　悲顾景，悔投笺，断魂招、哀迸朱弦。料得有人收骨夜，江边英武（鹦鹉）赋谁怜。

九一　陶农部宫词

新建陶无梦农部（衰）有宫词百首，述三十年来内庭轶事，大都得自传闻。为录其翔实者十五章，附以笺释，皆他时史料也。

其一

倚虹堂外柳烟浓，御路无尘走六龙。

岁岁宸游春色里，万人歌舞百官从。

（倚虹堂在西直门外，临高梁河。慈驾幸颐和园，恒于此小憩，进茶点。）

其二

雕阑百折接明廊，仙殿排云涌御香。

天半铜亭光四照，日高草木遍山黄。

(排云殿为万寿山最高处。)

其三

八方无事畅皇情，机暇挥毫六法精。

宸翰初成知得意，官人传唤缪先生。

(缪女士嘉蕙，字素筠，云南人，以画笔供奉内庭。)

其四

钉铃佩马去如飞，谙达垂鞭左右随。

诏遣阿哥归主祭，黄缰紫辔好威仪。

(大阿哥溥俊立二年，凡大祀皆奉旨恭代行礼。谙达国语，谓师傅教授清文者，其仪视师傅稍杀。)

其五

公使西来越巨溟，国书亲奉觐官庭。

礼臣引入文华殿，天语温和赐宝星。

(文华殿在东华门内，为各国公使觐见地。)

其六

景运门前晓色开，百官济济早朝回。

御医随例听传唤，排日抄将脉案来。

(戊戌九月后，上多不豫，隔数日，辄以脉案颁示中外。)

其七

六龙仓卒幸西秦，玉骨含冤裹锦裀。
从此笙囊休进御，武皇归哭孟才人。

(哀珍妃殉国也。)

其八

天家玉食喜奇瑰，泼翠茶浓玛瑙杯。
昨日使臣新贡入，柏林香草野杨梅。

(此下皆辛丑回銮后事。)

其九

天半灯摇紫电流，玲珑殿阁仿欧洲。
却因一炬西人火，化出繁华佛照楼。

(佛照楼即仪鸾殿故址。殿毁于庚子之乱，回銮后重修，费帑五百余万。改用西式，赐名佛照楼。)

其十

清华西苑景如仙，百顷琉璃漾井莲。
羡杀词臣与枢密，独邀天宠许乘船。

(军机大臣及两书房翰林入直西苑，例得乘船，免迂途也。)

其十一

供御龙宾发异香，新年染翰伴君王。

淋漓锡福苍生笔，福字先书绢一方。

(赐福苍生笔圣祖所制，列圣宝用，每岁元旦用此笔书福字。)

其十二

园子春来柳早青，郊居景物畅皇情。

轮船似报巡游信，一带长河汽笛声。

(昆明湖中御座轮船二艘，某国所进也。)

其十三

疆臣献纳太珍奇，一笑天颜喜可知。

翡翠寿星高二尺，透明碧绿似玻璃。

(翡翠寿星，回銮后浙抚某中丞所进。)

其十四

蚕织苏杭艺最精，诏征机女入神京。

绮华馆内薰风暖，长昼遥闻络纬声。

(绮华馆在福华门内，征苏杭女子蚕织其中。)

其十五

恭进应时春帖子，枢臣亲写硬黄笺。

两斋毓庆同颁赐，麝墨鸡毫下九天。

(立春日，军机大臣进春帖子，五言截句一首、七言截句二首，用硬黄纸书之。毓庆宫及两书房翰林亦如之，各拜笔墨之赐。近时，春帖以张文襄所进为最工。)

九二　纪歙鲍烈士增祥事

光绪初，安徽歙县令某者，书生也。愚而墨，宠二胥：曰王耀、曰三多。挟某势，恣横一邑，豪夺巧取靡虚日。歙人许颂康薄有赀。其戚程某为武学生，富过许。有质库一，在县北富堨。许以事积忤二胥。适邑有盗案发，二胥乃虚构左（佐）证，诬许、程为逋逃主，执入狱。锻炼月余，许、程不胜搒掠，两股肉尽糜，遂诬服。狱成，上江督皖抚，不日出决矣。王耀扬鞭过富堨市，指质库笑曰："此不日属我矣。"歙之人莫不愤怒，然莫敢谁何者。鲍增祥，歙诸生，举秋试为副贡，儒而侠者也，闻之大愤，乃攘臂为文，独署己名上徽守，白许、程冤。守召增祥诘之曰："狱已成，汝横来干涉，案出入甚大。诬平民犹反坐，况官长乎？汝能任此责，吾则转详大府。否则不如已也。"持其书作注目状，同署名者噤无言。增祥毅然曰："诺。刀锯鼎镬，某一人当之，不以累众也。"书遂上。二胥犹不知，日盼金陵回文至，决许、程于市。歙故无刽手，走休宁假以来。是时，侯官沈文肃督两江，政尚严明，得书，阴廉得其实，乃大怒，立驰钉封付徽守，释许、程，枭二胥示众。守奉檄坐堂皇，召二胥至，阳阳如平时；示以檄，始色变无语。缚以赴市，守亲监刑，观者如堵。即以休宁刽手奏刀焉，枭其首于万年桥上。桥者，歙北通衢也。某令闻变，饮药死。未数年，而有方伯松之事。

方伯松者，歙市井中人。少无赖，以博荡其产，则横噬闾里间，邑人尤患苦之。会天主教士来歙，方首先皈依，称信徒，益号召群不逞以济其虐。方不识字，诸生某某等为之记室，赴诉者日恒数十人，半田产钱债事。方颐指记室录其词毕，即分命其党，汝往某村取某田，若往某村取某钱，母子毋少缺，皆以券授之。其券皆数十年陈旧物也。日暮归，悉出所收以献，无少短缺。方妾诞日，邑之缙绅莫不蒲伏贺于庭，寿礼至盈屋，而西教士固不知也。遇讼狱，方第署片纸付县令，令悚息奉行，如得大府檄。胥役辅之，四境骚然，至不敢偶语方名。增祥客于外方归，闻之大愤，曰："世安得有此！"谋走省控诸院司。方闻之，笑曰："此岂复枭王耀时耶?"增祥愤愈甚，星夜去。方乃扬言将以众毁鲍氏之家。增祥子鹗是时亦举于乡，夷然弗为动，方亦卒不敢往也。增祥卒白皖抚，邮书上海法主教某，斥方出教籍。徒党悉鸟兽散，方始敛迹。增祥字绍廷，能词，工画梅，家无担石储，而好为任侠，得钱辄散去，室人交谪，偃如也。

九三　纪大刀王五事

大刀王五者，光绪时京师大侠也，业为人保镳。河北、山东群盗，咸奉为祭酒。王五因为制法律约束之，其所劫必赃吏猾胥，非不义之财无取也。己卯、庚辰间，三辅劫案数十起，吏逐捕不一得，皆心疑王五，以属刑部。于是，刑部总司谳事兼提牢者，为溧水濮青士太守文暹，奉堂官命，檄五城御史以吏卒往捕。王所居在宣武城外，御史得檄，发卒数百人围其宅。王以二十余人持械俟门内。数百人者，皆弗敢入，第謈呼示威势而已。会日暮，尚不得要领，吏卒悉散归。既散，始知王五不知何时亦着城卒号衣杂稠人中，而官吏不之知也。翼日，王五忽诣刑部自首。太守召而询之，则曰："曩以兵取我，我故不肯从命；今兵既罢，故自归也。"诘以数月来劫案，则孰为其徒党所为，孰为他路贼所为，侃侃言无少遁饰。太守固廉知其材勇义烈，欲全之，乃谬曰："吾固知诸劫案于汝无与，然汝一匹夫，而广交游，酗酒纵博，此决非善类。吾逮汝者，将以小惩而大戒也。"笞之二十，逐之出。岁癸未，太守出为河南南阳知府。将之官，资斧不继，称贷无所得，忧闷甚。一日，王五忽来求见，门者却之；固以请，乃命召入。入则顿首曰："小人蒙公再生恩，无可为报。今闻公出守南阳，此去皆暴客所充斥，非小人为卫，必不免。且闻公资斧无所出，今携二百金来，请以为赆。"太守力辞之，且曰："吾今已得金矣。"五笑曰："公何欺小人为？公今晨尚往某西商处贷百金，议不谐，安所得金乎？无已，公盍署券付小人，俟到任相偿何如？至于执羁靮，从左右，公即不许，小人亦决从行矣。"太守不得已，如其言，署券与之，遂同行。至卫辉，大雨连旬，黄河盛涨，不得度，所携金又垂尽，乃谋之五，曰："资又竭矣，河不得度，奈何?"五笑曰："是戋戋者，胡足难王五?"言华，乃匹马要佩刀，绝尘驰去。从者哗曰："王五往行劫矣。"太守大骸（骇），旁皇终日不能食。薄暮，五始归，解腰缠五百金掷几上。太守正色曰："吾虽渴，决不饮盗泉一滴。速将去，毋污我。"五哑然大笑曰："公疑我行劫乎？王五虽微，区区五百金，何至无所称贷，而出此乎？此固假之某商者。公不信，试为折简召之。"即书片纸，令从者持之去。次日，某商果来，以五所署券呈太守，信然。太守始谢而受之。五送太守至南阳，仍返京师理故业。安晓峰侍御之戍军台也，五实护之往，车驮资皆其所赠。五故与谭复生善，戊戌之变，五诣谭君所，劝之出奔，愿以身护其行，谭君固不可，乃已。谭君既死，五潜结壮士数百人，欲有所建立。所志未遂，而拳乱作，五遂罹其祸。

九四　南下洼水怪

光绪甲午三月，京师南城外陶然亭畔苇潭中，忽有怪声如牛鸣。余时在都下，尝亲闻之，确如牛鸣盎中，其声呜呜然。有疑为蛟蜃之属者，有谓盗窟此中者。市井人妄绘其形，名之曰大老妖，谓其物专噬洋人。稍有识者，皆哂其无稽。而图说刊板（版）流传，遍布大江南北，乃至新疆塞外。官吏示禁，竟不能止。福文慎锟时为执金吾，调兵穷搜，卒莫得端倪。内务府至召僧道设坛讽经以禳之，数月后始寂然，真异事也。张豫荃其《淦梦痕仙馆诗抄》中一首咏此事，云：

右安城门当昼晴，野洼浅水芦苇平。
忽有怪物如牛鸣，路人千万皆闻声。
喧传远近草木腥，街衢入夜无人行。
或图其状如鲛鲸，似虎摇尾龙转睛。
巨鳞修鬣腹彭亨，罔两罔象莫识名。
日午健儿敲铜钲，戈矛森立车冲輣。
击以巨炮雷霆訇，如临大敌心怦怦。
登刀蹋火道侣迎，敕召六甲与六丁。
呼星唤鬼与怪争，怪殊不惧反自矜。
若鸣得意声无停，健作咋舌双目瞠。
拖泥带水如履冰，道人执剑走野亭。
护身符咒嗟无灵，我亦随众来郊坰。
凤城景物争春荣，麦芒渐绿柳眼青。
轻风转蕙晚照明，莺歌燕语调凤笙。
万人如海身伶仃，枳篱薤陇侧耳听。
鸣蛙噪蚓集众蝇，心知其诞笑语倾。
嗟哉危坐高官形，柳阴歧路支凉棚。
藉资弹压列众兵，更欲纷调神机营。
举国若狂谁使令，解人难索系我情。

石言蛇斗传所称，妖不自作由人兴。
见怪不怪真典型，诸公衮衮来槐厅。
纷披宫锦带雀翎，口蜜腹剑利是征。
误人家国倾人城，此真怪物是咎征。
灾祥在德天所凭，反德为乱妖灾生。
嘻嘻出出闻于庭，我欲射之弓阴弸。
梼杌饕餮服上刑，天为一笑河为清。
人妖既除邦乃宁，物妖有象禹鼎呈。
何至妖异喧神京，无乃小怪作大惊。

暨朝鲜战事起，识者乃曰是兵象也。

九五　百年前海王村之书肆

——琉璃厂于辽为海王村

乾隆时益都李文藻所著《南涧文集》中有《琉璃厂书肆记》，云：

琉璃厂因琉璃瓦窑为名，东西可二里许。未入厂东门，路北一铺曰声遥堂，入门为嵩口堂唐氏、名盛堂李氏，皆路北。又西为带草堂郑氏、同升阁李氏，皆路南。又西则路北有宗圣堂曾氏、圣经堂李氏、聚秀堂曾氏。路南为二酉堂，文锦、文绘两堂，宝田堂、京兆堂、荣锦堂、经腴堂，皆姓李氏；宏文堂郑氏、英华堂徐氏、文茂堂傅氏、聚星堂曾氏、瑞云堂周氏。二酉堂自明中叶已有之，人故呼为“老二酉”。迤西，南转沙土园北口，路西有金氏之文粹堂，肆贾谢姓，颇深目录之学，为乾、嘉两朝冠。又北转至正街，为文华堂徐氏，在路南，而厂桥东之肆尽矣。桥西仅七家。先月楼李氏，在路南。又西为宝名堂周氏，在路北。又西为瑞锦堂，亦周氏，在路南。其地即韦姓鉴古堂旧址。韦氏在乾隆初颇有声，全谢山、杭大宗、朱笥河诸先生，皆折节与交者也。又西为焕文堂周氏、五柳居陶氏，在路北。陶氏即黄荛圃题跋所谓五柳主人者也。又西为延庆堂刘氏，在路北。又西为博古堂李氏，在路南。自此出厂西门，书肆尽矣。

今去南涧时甫百年，而记中所列各家，乃无一存焉者。求如陈思蔡益所之流，益不可得矣。《南涧集》在潘氏《功顺堂丛书》中，今印本亦渐希。爰撮其要于此，以饷后之修城坊记者。

九六　燕郊废寺之金炉台

燕郊镇在京师东，属通州，东陵往来孔道也，曩时曾宿其地。去镇数里许，道旁一废寺，土人为言，寺建于明中叶。入国朝百余年，殿宇颓圮无存者，唯一香炉、两烛台在焉。炉高八尺，台丈余，镕铁为之，重莫能举，故弃置荒烟蔓草中，久无人过问者。乾隆四十二年，纯庙谒陵，跸路经此，忽遇暴雨，乃入寺暂避。偶以鞭叩炉，曰："此非铁声也。"令侍卫椎破之，皆精金铸成，外涂火漆。更察两烛台，亦如之。遂命移入内库。寺之缘起，州志不详。后土人于墙阴掘得一碑，乃明嘉靖中太监李玙家庙也。世宗约束内监极严，李玙名不见史册，似非当时权贵，而豪富已如是。彼王振、刘瑾、汪直、魏忠贤辈，其奢汰当更何如！史册所传，正恐未尽其什一耳。呜乎，民力安得不日蹙也？

九七　云南铜厂

国家二百余年，用铜专仰云南，而铜厂之弊，亦遂不可胜言。咸、同间，有钱唐吴仲云者，官滇久，有厂，述诗四首，言之最详，足备掌故。其诗云：

其一

华楹具百戏，雕俎罗八珍。
指使诸童仆，佩服丽且新。
问官所职掌，曰铜铁锡银。
朝上一纸书，暮领十万缗。
会计足课额，可以娱嘉宾。
勿谓官豪华，视昔官已贫。

颇闻有某某，凭陵居要津。
积金北斗高，歌舞难具论。
歌舞岂不欢，世事如转轮。
朝廷固宽大，国法亦以伸。
事过三十年，残魄含酸辛。
官今当黾勉，富贵天所亲。
鸩卮与漏脯，智者终逡巡。
哀哉铜山下，乃有饿死人。

其二

滇厂四十八，宝路区瘠肥。
媪神岂爱宝，苗脉有盛衰。
攻采矧云久，造物亦告疲。
宁台与汤丹[①]，今亦非曩时。
小厂益衰竭，征课檄若驰。
何从获硬硖[②]，间或得草皮[③]。
鸡窝不满万[④]，饿鞘亦何为[⑤]。
长荚入龙窟，水泄费不赀[⑥]。
年年告缺额，呵斥安敢辞。
我闻古铜官，坊冶各有司。
方今吏事繁，难理如乱丝。
况复畀厂政，殿最较铢锱。
既耕复使织，谁能剂盈亏。
上赡九府供，下给家室私。

官私两不病，治术其庶几。

自注：

①二厂名最大。

②硐谓之礌，礌石坚者谓之硬硖，硬则可久获大矿。

③浮浅而少者，谓之草皮矿。

④鸡窝，厂名，出铜最少。

⑤饿鞘无矿苗。

⑥硐有积水，百计始能涸之，谓之拉龙。

其三

受事平其争，厥长凡有七①。
锤手与砂丁，是皆长所帅。
有犯则抶之，昼夜戒无逸。
帕首缚口登，行若缘缝虱。
仰攻亦俯钻，但惧引线失。
风穴窍谽谺②，厢木驾疏密③。
龙惊地轴裂，一入不复出。
悲哉干虮子，枯腊黑于漆④。
更闻扯火勤，炉罩难毕述。
争尖与夺礌，刀剑斗狂獝。
一朝鸟兽散，探胠入民室。
索之籍无名，山箐费穷诘。
恃此问长官，镇抚用何术。

自注：

①有客长、课长及炉、锅、镶、硐、炭诸长。

②入深苦闷，凿窍以泄。

③硐虑下陷，每两尺余支木四，是为一厢。硐之远近以厢计。

④硐陷死者，为地气所养，尸不腐，名曰干虮子。

其四

厂主半客籍，逐利来入边。
入官报试采，自竭私家钱。
欣然大堂获，继以半火煎①。
抽课得羡余，陶朱不足贤。
百货日麇集，优倡肆娇妍。
荒荒蛮瘴中，聚若都市阛。
闻者馋涎垂，扰扰蚁集膻。
叩囊出黄金，一掷虚牝填。
所愿倘不偿，家室成萧然。
妻孥难存活，伴侣空相怜。
不如扶犁好，犹得耕薄田。

自注：

①矿旺曰大堂，晚煎晓成为半火。

九八　《嘉禾图》

乾隆二十八年七月杪，松江府境暴风三日夜不息。禾尽偃，稻花全落，诸县田有一粒不收者，有亩收斗许者。有及半者，则庆大有年矣。吴士卢元昌有诗纪之曰：

困穷甘俭食，垂老遇奇荒。
百岁人稀遘，三吴事可伤。
探丸竟白日，划箧到黄堂①。
我粟无升斗，开门亦不妨。

自注：

①时松江府署被劫。

如此奇灾，乃巡抚洪之杰不唯讳灾不告，反取句容县境青苗一束，绘《嘉禾图》上献。诏书嘉奖，宣示中外。吴人衔之次骨。呜乎，天下妄狠人，独洪之杰也欤？

九九　《知不足斋日记》钞本

丛书之刻，至国朝而始精。若歙之鲍、吴之黄、金山之钱，张南皮所谓五百年中决不泯灭者也。然士礼居专重景宋，秘笈无多；守山阁专取《四库》未刻之本，犹嫌其经说及考据书太多，而唐宋说部及前人遗集独少。唯《知不足斋》三十二集，于四部无所不收，而杂史、小说两种，所收尤夥。皆据精本、足本付刊，绝无明人专擅删改之弊。且巾箱小册，最便流通，其有功文献者，更在黄、钱上矣。南海潘峄琴学士（衍桐）尝言，曾在扬州书肆，见有《知不足斋日记》钞本数帙，密行细字，是渌饮老人真迹，皆记所得古书始末，及与乾、嘉诸老往还商榷之语，于古刻之优劣，鉴别之方法，取藏家传授之源流，皆言之綦详。次日往购，则已为他人取去矣。此书未经劫火，当仍在世间，海内好事家倘为之刻布流传，其声价当在《百宋一廛赋》之上也。

一〇〇　三进士出身之奇

本朝进士出身，最奇者三人，皆在国初。一杞县任暄猷，明末团练乡勇，御流寇有功，后仕福王，为后军都督。王师下南京，投诚隶旗下，中顺治壬辰进士，以磨勘被黜，后再中乙未进士。一邵阳吴芳，崇祯己卯举人，永历中宫至左都御史。归命后，愿以科第进，中康熙甲辰进士。一五河钱世熹，明末官县令。鼎革后，削发为浮屠，久之，复还俗为诸生。康熙庚戌成进士，年已七十余。

一〇一　奏疏纰缪

国朝满洲入仕之途甚宽，各部院笔帖式，目不识丁者，殆居多数。循资比俸，亦可至员外、郎中。然不能得京察一等，无外补之望，乃以保送御史为出路。朝廷视满御史甚轻，但保送即记名，不必考试也。故满御史多不能执笔作书，间或上疏言事，然亦他人为之捉刀。光绪甲午冬，东事正亟时，一日早朝，福山王文敏在午门外与同列论及军事，太息曰："事急矣，非起檀道济为大将不可。"盖指董福祥也。一满御史在旁闻之，殷殷问"檀道济"三字如何写，或书以示之。次日即上奏，请起用檀道济。又有一御史，上疏力保孙开华，不知开华已死数年矣。又某京堂上奏，言日本之东北有两大国，曰缅甸，曰交趾，壤地大于日本数倍，日本畏之如虎。请遣一善办之大臣，前往该两国，与订约，共击日本，必可得志云云。闻德宗阅此疏，甚为震怒，将降旨斥革，恭忠王在侧，言如此将满洲大臣益为天下所轻，乃止。昔康熙时一老侍卫，直乾清门数十年，清寒甚。圣祖见而怜之，因授为荆州将军。诏下，妻子皆狂喜，而某独不乐，戚友来贺者，辄对之痛哭。骇问其故，则曰："荆州要地，东吴之所必争。以关玛法之智勇，尚不能守，何况于我？此去必死于东吴之手矣。"众知其不可理喻，咸匿笑而已。然此人犹能读《三国演义》，犹自知才力之不胜，在今日飞鹰走狗之徒上万万矣。（玛法者，国语贵神之称。）

一〇二　文牍谬误

光绪年相传有两事绝可笑。某生者，夙以善书名，为义州李子和制府（鹤年）司折奏十余年。义州后缘案革职，某生转入合肥李筱泉制府（瀚章）幕中，时合肥方督两湖。一日，奏事至京，上发视之，则“湖广总督”其官，而“李鹤年”其名也。合肥因此大被申斥，并交部议处，不知当时幕中人，何以都漫不省视耶。一为魏午庄制府（光焘）官平庆泾固道时，驻军固原。部下有逃卒数人，大索不可得，乃通札各府及直隶州，饬所属严缉。此本照例文牍，向无人措意。吏胥不通掌故，以奉天府杂入各府中，径行札饬，且呼其官曰“奉天府知府”。是时，官留尹者，为松侍郎林，得札大恚，即行文往询其故，魏乃大窘，浼某贵人为之缓颊，馈松万金，自称门生，事乃已。次年，松复致书魏，托购玄狐猞猁孙等珍裘数十袭，为价又以万金计，时人称此札直二万金云。然自官制改革以来，奉天尹竟改为知府矣。

一〇三　明季两烈妇

宁藩下永宁王世子妃彭氏，奉贤人。生有国色，足极纤，江西人以“彭小脚”称之，而骁勇多智，力敌万夫。江西破，永宁父子皆殉国，妃乃率家丁数十人入闽，寓汀州，结义军将范继辰等，聚众数千，克宁化、归化等十余州县，势张甚，大清兵极畏之。会岁饥，众稍散，遂以顺治五年，为叛将王梦煜所败，被执不屈，绞杀于汀州之灵龟庙前。其从婢二人，一名金保，一名魏真，年皆未及筓，而俱有勇力，善骑射。妃既死，保自刭，真窜山谷间十数日，兵退乃出，窃妃与保尸葬之，遂去为尼，不知所终。此事明季诸野史俱未纪载，惟见施鸿保所著《闽杂纪》中，亟表而出之。

霍山黄鼎者，诸生也。鼎革时起义，后降洪承畴，授总兵，使驻江南。其妻独不肯降，拥兵数万人，据濠泗山谷中，与王师抗，数有斩获。总督马国柱乃召鼎至，谓之曰："汝独不能招汝妻使降乎？"对曰："不能。然有子在此，使之往，或可动也。"乃命其子往。妻曰："大厦已倾，一木夫何能为？然志士不屈其志。吾必得总督亲来庐州一面，约吾解众，喻令剃发。然吾虽解兵，当仍居山中，不能如吾夫听调遣也。"国柱许之，即自至庐，妇率众出见，兜鍪贯甲，凛凛如伟丈夫。执总兵见督府礼，以兵饷簿籍授国柱，即上马驰还山中，终不与夫一见。此妇真有烈丈夫风，而姓字阒如，惜哉。明之末造，豫中阮太冲愤兵骄将惰，乃著《女云台》以讥之，杂取古女子妇人建义灭贼事，多至数十百人，一时传之。呜乎，若彭妃、黄妇者，又岂让古人哉！（颇疑《红楼梦》所述姽婳将军事即指彭。）

一〇四　李奉贞

胜国末造，奇女子最多，其能执干戎（戈）以卫社稷者，秦良玉最烜赫外，若沈云英、刘淑英、毕著辈，皆见诸名家集中，为之碑版歌诗。功虽不成，而名足以不朽矣。独国朝闺阁之知兵者，不少概见。咸丰朝唐县李武愍公孟群，有从妹名奉贞者，知书，工骑射，《六韬》、孙吴、风角占验之书，靡不精究，而奉母不字。武愍以知府奉胡文忠檄督师讨贼，招奉贞同往。奉贞即戎装从行，在军中画策决胜，往往建奇功。武愍由郡守数年间擢至藩司，帮办军务，半奉贞力也。武愍一日以轻兵追贼，失利，被围十余重，他将悉束手，不敢救。奉贞独率所部驰赴之，枪林弹雨中，突围而入，手斩勍贼数十级，贼众披靡，卒护武愍归。甲裳均赤，万众骇视，惊为天神。后文忠以大军攻汉阳，寇坚守，久不能克。奉贞与方伯谋夜袭之，孤军深入，中贼伏。援兵不至，遂血战死，年才二十余。奉贞死，武愍军气骤熸，未几亦战死矣。往时见某说部纪奉贞事，独深致不满，亦可谓不成人美者矣。武愍擢帮办时，年亦甫二十七。商城周文勤时长军机，与李氏世姻。上一日从容语及武愍，因垂询曰："李孟群相貌，不知如何英伟，卿当识之。"文勤故与武愍父子不协，即奏曰："李孟群固勇于任事，但惜其年太少耳。"上闻之，怫然曰："如卿言，少年人皆不能办事耶？"文勤亟皇恐谢罪出。盖文宗嗣服之初，春秋鼎盛，锐欲有为，文勤之言，适中上所忌也。未几，文勤即缘事罢军机大臣。（毕著事，《国朝诗别裁》载诸小传，谓其父为流贼所杀。著募兵为父复仇，卒歼贼。考明末流寇，未尝至山东。著父之死，实在崇祯十五年，正太宗文皇帝亲统大兵南下时也。着实与我朝兵战。归愚未考，遽以流贼书之。后来馆臣重订，竟不加改正，尤为巨谬。)

一〇五 女子绝技

闺秀能诗词书画者多，而以它美术显者绝少。国初梁千秋之侍儿韩约素字钿阁者，善镌印章，周栎园载之《印人传》中。有以数寸大石章求镌者，约素辄颦蹙曰："欲侬斫山骨耶？"康熙中，吴门顾二娘以制砚著称，此则真可谓斫山骨者矣。闻顾生平所制砚，不及百方，非端溪老坑佳石不肯奏刀，传其以鞋尖点石，即能辨别瑜瑕，亦奇技也。乾隆末，杭州何春巢（承燕），得一研（砚）于金陵市上，背镌刘慈一绝，云：

一寸干将切紫泥，专诸门巷日初西。
如何轧轧鸣机手，割遍端州十里溪。

跋曰："吴门顾二娘为制斯砚，赠之以诗。顾家于专诸故里，故云。时康熙戊戌秋日。"诗绝超逸，慈不知何人也。何工倚声，因赋《一翦梅》镌其旁，云：

玉指金莲为底忙，昔赠刘郎，今遇何郎。
墨花犹带粉花香，自制兰房，佐我文房。
片石摩挲古色苍，顾也茫茫，刘也茫茫。

何时携取过吴阊，唤起情郎，吊尔秋娘。

此条见袁《随园诗话》，喜其韵绝，攟以实吾书。戊戌为康熙七年，距今才二百三十年耳。然问诸吴人，已无能举其姓字者矣。（词绝俗，迥逊刘诗矣。）

一〇六　尹杏农侍御

桃源尹杏农侍御为咸丰朝直臣。戊午，英舰抵天津，举朝抢攘，无所为计。侍御独疏陈战守机宜，先后八九上。枢臣主和议，卒格不行。最后疏上，奉命随同王大臣会议，郑亲王端华厉声诘责，侍御抗辨不少诎，由是直声震天下。而权贵益侧目，卒藉科场案去之。同治时再起，治军河南，官河陕汝道。民怀其德，殁后入祀名宦，治绩宣付国史馆，列《循吏传》中。所著有《心白日斋诗文集》，集中警句，如“元祐一朝遗老尽，永和三月酒人稀”（《花之寺送朱伯韩》），“时来将相都论命，老去英雄只著书”（《题冯林一〈邓尉著书图〉》），“烟花不为哀鸿减，林木空余社燕归”（《春日师行有感》）。皆俯仰盛衰，欷歔欲绝。入之主客图中，洵无愧色。

一〇七　陈子庄明府之外交

同治丁卯九月，海昌陈子庄明府（其元）令南汇。时有英商以夹板船载煤运沪。驶大洋中，胶于沙，沉其舟，煤皆散浮海面。海滨居民纷纷往捞取，藏诸家，固不知有洋船也，但识为洋煤而已。未几，一英人偕通事来县，言船为南汇民所焚，煤尽被掠，索偿五万金。陈以其语狂诞，拒之去。徐思洋人必不肯遽已，不先查还其煤，必且肇衅；一经闻诸总署，则所伤实多，是不赔而赔矣，且乌知总署不饬令赔偿者。乃亲自赴乡查勘。沿海地袤延百余里，一时不及周悉，而英领事已照会沪道，委员暨英翻译官偕洋商来矣。且海面时有兵舰，往来鸣炮，南汇民大震。陈力与争曰："吾民果掠尔船，自应治罪。今尔船自搁浅沉没，百姓只捞取水面之煤，何罪之有？藉曰百姓不应取尔之煤，而乞我代为查还，我体两国交好之谊，自当竭力查办。尔所失者煤，并非失银，安得赔银？今言赔银，是讹诈也。讹诈安有交情！我官可去，银不可得。"委员亦以大义责之，英商始气沮。陈因与约：煤船既搁沉，必不能复得全数，将来查得若干，即以若干还之。英商亦首肯。陈次日即赴乡，召集各村之民，老幼男女，来者数万人，先以此案始末告之，又以拼一官保卫百姓之意，反复申喻数千言。乡民皆感激泣下曰："实不知有此许多道理，几累我公。"于是均愿以所捞者送还之。数日间，缴煤十八万斤，事遂已。

同时又有美船交涉一事。美商运货来沪，遭风滞于沙，不能动。乃至沪，雇民船为转运。适有渔舟数艘在海捕鱼，即雇之往，言定每人日给银两圜。往返十余日，始竣事。迨向索工资，则尽缚其十六人送沪道，谓系海贼抢劫者。道发上海县研讯，俱不承。十六人者，中有南汇人七，因请发南汇。陈询悉其始末，且访诸七人之乡里，莫不言其冤，乃具禀昭雪。美领事执不肯，则复提沪讯，仍不承，则再移还南汇，而七人中已死其一矣。陈知沪道不足与言也，则直陈其事本末，径禀苏抚。时抚苏使者，为丰顺丁雨生中丞，得禀震怒，亟下札发斥沪道，命立释此十五人，沪道始悚息受命，而美领事亦不复过问矣。盖洋商不过图赖工赀，初不靳地方官之办案。有司为积威所劫，不敢不格外讨好耳。此两事，恨不令今之为吏者知之。

一〇八　王文靖遗文

宛平王文靖熙，为康熙初名相。生平颇挟智任数，回翔于诸满大臣之间，而能得其欢心，以保禄位。

世颇有疑《石头记》之王熙凤，即指文靖者，其人固极相类也。遗集不传于世，其遗文惟有《为陈默公焯征刻遗书》一启，亟录之，以见古人风义之笃。

> 盖闻天佑斯文，自产千秋之宗主；人肩大道，宁耽一代之浮荣。故贤圣惟发愤而诗乃成，即后儒必学成而书可箸（著）。《春秋》须羽翼，邱明之双目难存；《史记》待昭垂，司马之全形忽废。他如张文昌

以乍盲而工乐府，卢照邻缘久疢而擅吟坛。若斯之徒，殆犹小技。矧夫守先待后，析天人性命之微言；述往思来，备今古兴亡之准鉴，非邀休暇，岂获专勤？桐城陈默公，九液蕴灵，六匡诞秀。七岁遍通经传，笺研百氏以无遗；十龄辄庀史材，身任三长而不让。衡文吴下，张杨愿撤皋比；正雅云间，陈李齐投缟带。入兴朝而膺恩拔，在廷争睹光仪；甫乡荐而掌秘书，政府咸资手笔。虽大魁中沮，至今犹叹为真状元；迨释褐南归，举世仍呼为好才子。是以熙父任祭酒时之赠诗曰："注残经史年犹少，历尽艰虞气更新。"大冢宰静海高公之赠句曰："无双经学黄江夏，第五科名杜紫薇。"期待各已如斯，通显奚难立致。乃造物巧为成就，夺去子野之聪；令儒术大振今时，悉倚离娄之目。寸阴必惜，日斯迈而月斯征；万卷堪娱，冬不炉而夏不扇。书成廿种，载可盈车。抉六籍之奥义于二经，功约而倍；寓一朝之褒讥于四部，指隐而彰。扫山阴余姚之禅唾，门庭断自程朱；溯嘉隆宏正之诗源，流品分从赵宋。西京以下，未尝无赋，赋会出而世识真骚；八家之后，敢曰无文，文会行而人裁伪体。若不共襄剞劂，何以仰答圣贤。熙等职在清曹，分应独任，但略计镂板（版）之费，动须数千，势必赖大雅之流，各资涓滴。与其结佛缘以沾利益，何如种文福以厚箕裘。且默公官仅数旬，居无五亩。彼于頔亦人耳，能将百万为高士买山；即郗超小夫乎，屡费千金为故人治宅。今陈子既以诗书为生活，则吾党亦用梨枣代田庐，伏乞诸老年台先生，随分乐捐，声施不朽。噫嘻，杜微失听，犹来君相之求；徐积病聋，实赖苏黄为友。况有功于孔孟，讵止笃夫情亲。谅切同心，敢申虔恳。

默公盖以聋废者，故启中以杜微、徐积为比。今其诸书传世者，惟《宋元诗会》一种耳，启所谓诗源赵宋者，即指此书也。

一〇九　宰白鸭

折狱之吏，能使民无冤，固已难能而可贵矣。乃有一狱之起，有司明知其冤，而卒无术以平反之者，其惨痛更何如耶！忆某劝善书中纪福建一狱，至今读之，犹为酸鼻。

漳、泉两府，顶凶之案极多。富户杀人，辄以多金买贫者代之抵死，沿以成俗，毫不为怪，所谓宰白鸭也。某大令官于闽，襄事福州谳局，尝讯一斗杀案。正凶年甫十六，而死者则伟丈夫也。检尸格，鳞伤十余处，必非一人所能为，且其人尪瘠弱小，亦必非能杀人者。提案复讯，则背诵供招，滔滔汩汩，与详文无一字差。令异之，再令覆述，仍一字不误，盖读之已成诵矣，知其必为白鸭也。加之驳诘，矢口不移。再四开导，始涕泣称冤，乃驳回其县更讯。未几，县又顶详，仍照前供。再提犯鞫之，则断断不肯翻供矣。令犹旁皇不忍断，他委员共嗤其迂，乃代为提讯，遂如县详定案。比臬司亲讯，仍执前供。因诋尔年齿甚轻，何能下此毒手？则对曰："恨极耳。"案定后，发还县，令遇诸门，问其故。则涕泣曰："极感公再生恩。然发回之后，县官怒其翻供，更加酷刑，求死不可得；父母又来骂曰：'卖尔之钱，已早用尽，尔乃翻供，以害父母耶？若出狱，必置尔死地。'进退皆死，无宁顺父母之命耳。"

令为之失声哭，遂终身不入谳局云。此与前纪王树汶事极相类。若树汶者，其真有天幸哉。

一一〇　史抚部诗

史抚部念祖之工文，前已略述之，兹又得其古近体诗十数章。抚部起家簿尉，中年始折节向学，与樵野侍郎同。侍郎之诗高华，抚部之诗疏宕，皆一时异才也。

《古意》云：

美人不世出，嫁必轻簿（薄）儿。
奇士不世出，遇必乱离时。

天公最有心，可以见操持。

《征夫吟》云：

丈夫当请缨，挥手勿复虑。
怀中儿问爷，但道封侯去。

《苦雨行》云：

天不雨，东皋禾麦不出土。
天欲雨，道上行人征戍苦。
欲雨不雨心京京（惊惊），吁嗟天亦难为情。

《驻军赵旗屯，除夕发家书》云：

大捷欣看露布驰，春风入垒酒盈卮。
几千万语无人道，二十一年有限时。
谁灭孙卢回浩劫，已收淮蔡是偏师。
家书先写平安字，战状从容报母知。

《即席赠歌者》云：

溢浦琵琶恨未深，六弦添出写秋心。
弓弯破梦翩跹舞，丝袅无痕宛转音。
惜别大难蓝尾酒，用情容易白头吟。
他年重访清江道，绿叶成阴何处寻。

《野寺纳凉同五兄莲叔》云：

萤光湿雨明灭飞，昏月挂树松风吹。
露凝落叶堕微响，宿鸟扑颤惊高枝。
古碑卧地断可坐，翁仲无言拱道左。
溪东大冢郁林莽，野狐出没逐磷火。
半晌问答声响息，重携灯来满眼黑。
转念身世各努力，兄弟夜吟亦难得。

《英山》云：

松花一径蹋成尘，松子枯余拾作薪。
绕屋溪声时讶雨，当窗山色远窥人。
野樵度水乱斜照，幽鸟和烟啼晚春。
颇似江南小村落，谋生到此悔征轮。

《雨后》云：

春波泛绿与桥齐，蒲没青尖秃柳低。
昨日汀花留未采，潮生行不到前溪。

数诗皆可夺宋人之席。

一一一　黄公度京卿遗词

嘉应黄公度先生，诗笔为同、光间大家，而倚声之作，不少概见。顷得其《贺新郎》一阕，亟录之，题为《乙未五月芸阁南归，饮集吴船，各抚〈贺新郎〉词，以志悲欢》，词云：

凤泊鸾飘也，况眼中苍凉烟水，此茫茫者。一片平芜飞絮乱，无复寻春试马。又渐渐夕阳西下。水软山温留扇底，展冰奁试照桃花写。影如此，童泪洒。

寻思罗里临行把。竟明明鲛绡分翦，公然割舍。天到无情何可诉，只合埋忧地下。但何处得开酒社。相约须臾毋死去，尽丁甲歌舞今宵。且看招展，花枝惹。

苍凉激楚，直摩稼翁之垒。

一一二 周太史兰隽语

同治中，吴县周伯荪太史（兰），督陕甘学政归，与伶人张天元者狎。天元颇风雅，从太史习诗字，过从无虚日。太史戏呼之曰“天儿”。后因事有违言，踪迹渐疏。而奉新许仙屏河帅振祎，亦自陕甘学差归京，天元遂弃周而事许。一日，有人戏问太史曰：“日来与天儿相见否?”太史叹息曰：“天而（‘儿’‘而’同音）既厌周德矣，吾其能与许争乎?”闻者为之拍案叫绝，此真天造地设之妙，所谓巧不可阶者矣。前辈吐属，名隽乃尔。

一一三　题壁诗

光绪癸未九月，出都，宿保定城西之大汲店。旅舍壁间有一诗，墨痕剥落，烟霭模糊，署款有“庚申冬初”字，盖十余年前迹也。字颇豪纵怪伟，因谛视读之。其诗曰：

北去金舆万骑扶，长安城上有啼乌。
禁门昼闭宫槐冷，跸路宵严塞草枯。
九庙英声惊朔漠，几人留守重西都。
孤臣流涕朝天远，分作沧江老钓徒。

盖文宗北狩时感事之作也，清苍激壮，足以接武大樽。惜署名处泥土剥缺，不知为何人作矣。室中四壁垩刷新洁，独留此一方，知非流俗人所为。召店伙询之，乃知店东故诸生，见此诗而深爱之，故不忍垩去也。僻乡中乃有斯人，亦云难矣。

又吴寄髯先生曾在荆、巫间一山寺内壁上，见一诗云：

大江东去尽蒿莱，尚有黄花此地开。
落木山空秋色老，平芜天远暮愁来。
惊风沙碛盘雕健，残照关河过雁哀。
蓦记今朝是重九，独携樽酒上高台。

盖亦金陵未复以前感事之作，沈郁顿挫，饶有杜意，亦不得作者姓名。

一一四　孙北海雅谑

顺治中，张尔唯太守（曾学）由部郎出守苏州。将出都，孙北海、曹倦圃、龚芝麓三公设宴祖饯，各携所藏法书、名画相夸示。太守亦出旧藏江贯道《长江万里图卷》真迹。三公传观，皆爱不释手，曰：“此迹可谓今日压卷矣。”太守意得甚。北海徐曰：“此图以万里名，而尔唯一人据之，无乃太贪？不如截作四段，四人分有之，人各得二千五百里，不亦可乎？”曹、龚皆拊掌称善，立呼侍者以刀尺进。太守窘甚，至长跽乞哀，北海大笑曰：“吾今日得一集唐绝对矣。”众问之，则“翦取吴淞半江水；恼乱苏州刺史肠”二语也，一座为之绝倒。

一一五　巧对

光绪中叶，山东尹琅若编修琳基，官词馆久不开坊，郁郁弗自得，乃纵酒自遣，醉辄谩骂座客，以是与其乡人郑侍御溥元龃龉。郑遽摭尹阴事劾奏之，人皆不直郑。旨下，尹、郑皆休致。是日，枢臣述旨既退，宝文靖语同列曰：“‘白日放歌须纵酒，青春作伴好还乡。’可移赠尹、郑两君矣。”甲申春，阎文介、张文达同入军机，二公年皆逾七十。未几，孙文恪毓汶、乌少司空拉布奉命勘案江南北诸省，历年余始归。都人为集唐人句曰：

> 丹青不知老将至；（文介字丹初，文达字子青。）
> 云山况是客中过。（乌字少云，孙字莱山。）

又光绪癸巳恩科，殷秋桥鸿少如璋、周伯晋编修锡恩典浙江试。榜发，士论颇不韪，或为联以谑之曰："殷礼不足征，已经如聩如聋，漫诩文章操玉尺；周任有言曰，难得恩科恩榜，好凭交易集金钱。"离析二人姓名，而铢两悉称，语意浑成，尤为巧合。又乌达峰尚书与恽次远学士同典浙试，乌文学颇疏浅，而学士有烟癖，或以二人姓为联曰："乌不如人，胸中只少半点墨；军无斗志，身边常倚一条枪。"又同治中，四川副都统有名铁尔克达春者，或戏以"金吾不禁夜"对之。

一一六　国初富室

国初富室以南季北亢为领袖。季氏居泰兴季家市，其族人三百余家，皆有复道门户相通，每夕行撮者至六十余人。蓄女乐两部，服饰至直巨万。沧苇侍御振宜以藏书著国初者，即其族也。亢氏籍山西，相传李自成西奔时，所携辎重皆弃之山西，尽为亢氏所得，遂以起家，富甲天下。康熙中，《长生殿》曲本初出，亢氏家伶即能演之。

器用衣饰，费镪至四十余万，他举称是。今无人能举其姓者矣。保富之术不修，国之所以不竞。

一一七　官书错误

乾隆中修《四库全书》，高宗谓辽、金、元三史地名、人名译音皆失其真，因诏馆臣重加改定。然武英殿本全史刊于乾隆四年者，尚未暇追改。道光初，乃诏军机章京重复校正，刓改旧板（版），而其中有绝可笑者。《金史·地理志》有“金复海盖”一语，乃总金州、复州及盖平、海城两县而言之，今官牍中尚有此语。乃校者误以“海盖”为人名，而改为“哈噶”。又《元史·睿宗传》有“饮酒乐甚，顾谓左右曰”两语，校者误以“甚、顾”二字为人名，而改为“萨赖”。若此之类甚多，殊堪喷饭。且其本地名、人名者，则又不遵“钦定三史国语”解，而以意更换，移步换形，遂令人莫知为何人何地矣。官书之不可信，大抵如此。

一一八　《四库全书》之滥觞

乾隆朝修《四库全书》，从《永乐大典》中辑佚书七百余种。人皆知其议之发于朱笥河学士，而不知徐健庵尚书已有此议，学士特因其成说耳。考健庵所为《高詹事刻编珠序》云：

皇史宬《永乐大典》，鼎革时亦有散失。往语詹事：皇上稽古右文，千古罕遘，当请命儒臣重加讨论，以其秘本刊录颁布，用表扬前哲之遗坠于万一。余老矣，詹事孜孜好古，幸它日勿忘此言也。

（按：《大典》中佚书，实不止此七百余种。当时馆臣搜辑，大抵取其卷帙略少者，宏编巨册尚不暇甄录。后来徐星伯先生所辑《宋中兴礼书》《政和五礼新仪》诸书，皆从《大典》中录出，张石洲实佐其役。石洲曾为人言："其中秘本尚多，惜无此暇日尽录成书，以补《四库》之阙。"此语见某说部中，今忘其名矣。庚子拳乱，翰林院被焚，《大典》一书遂无片纸留遗矣。惜哉！）

一一九　私家藏书楼

旧椠《音学五书》前有徐健庵兄弟三人启云：

亭林先生年逾六十，笃志五经，欲作书藏于西河之介山，聚天下古今书籍藏其中，以诏后之学者。先达明公，好事君子，如有前代刻板（版）善本及抄本经史有用之书，或送堂中，或借录副，庶传习有资，坟典不坠。

其后此举，竟不果成。朱竹君学士尝议建书藏于曲阜孔氏，广庋古今坟籍，亦仅有此语。阮文达尝举所藏书分储于浙之灵隐、润之焦山。乱后灵隐毁于兵火，焦山书亦多散佚。闻后来梁按察鼎芬有意规复，尝谋诸丁松生。松生慨捐所藏数百种以付之。故梁题《松生箸（著）书图》，有“焦山灵隐存双藏，犹记秋灯递信时”之句。窃谓名山古刹将来都不可保，谋建私家书藏者，究以孔林为第一，好书者盍图之。

一二〇　闺中经世远识

钱唐顾若璞，字和知，故明上林署丞顾友白女，文学黄东生之妻，读书能古文词，箸（著）有《卧月轩合集》。其长子妇丁氏亦湛深经史，有经世之志。《若璞集》中，有与其友张夫人一书云：

> 冢妇丁氏，从余读唐诗，其《寄灿》诗有云：“故有愁肠不怨君。”几于怨诽不乱矣。与灿酒间，绝不语及家事，时为天下画奇计，而独追恨于屯事之坏也。且曰：“边屯则患旁扰，官屯则患空言鲜实事。妾与子努力轻（经）营，倘得金钱二十万，便当北阙上书请淮南北闲田，垦万亩。好义者引而伸之，则粟贱而饷足，兵宿饱矣。然后仍举盐策，召商田塞下。如此，则兵不增而饷自足，使后世称曰：‘以民屯佐天子，盖虞孝懿女实始为之。’死且目瞑矣。”其言虽

> 夸，然销兵宅师，濡濡成议，其志良不磨，夫人许之否？

巾帼中乃有此高议雄略，而名字翳如，文章行事不得少见梗概，岂不惜哉！

一二一　吴梅村身后之文字狱

国初南浔庄氏私史之狱，罹祸者至数十家，其始末人皆知之。吴梅村《绥寇纪略》一书，身后亦几成大狱，则无人能言之者。考是书本名《鹿樵纪闻》，不著撰人姓名，或以此疑非梅村所作，向莫明其故。后读施愚山《致金长真书》，始知当时危栗情状，其不至蹈力田赤溟之覆辙者，亦云幸矣。书略云：

> 梅村《鹿樵纪闻》一编，邹流骑以故人子弟之义，卖屋为任剞劂。一备放失旧闻，一以表章前辈箸（著）述，良为胜事。但不合轻借当时名流姓氏参评，致有此举。盖惩前史之祸（按：此语即指庄氏史狱），不得不申明立案，非有深求于邹也。闻书中绝无触犯，惟凡例所列，有大事记，似为蛇足。今拘系赴解，举 家号哭，悉焚他书，笥橐为空，毗陵士大夫，莫不怜之。邹既贫且老，莫为援手，万一决裂，不特邹祸不测，且恐波及梅村，遗孤惴惴，巢覆是

惧。夫束天下文士之手，寒先辈地下之心，或亦当世大贤所不忍为也。

云云。

（按：此则梅村箸（著）述，其熸于一炬者，正自不少。而世传《纪略》之本，亦必非曩时原稿可知。）

一二二　吴汉槎髫年能诗

吴汉槎以丁酉科场事谪戍绝域，晚岁赐环（还），侘傺以终，人但悲其数奇运蹇而已。及读《秋笳集》，乃知其于故国惓惓不忘，沧桑之感，触绪纷来，始悟其得祸之由。不随力田赤溟辈湛身赤族者，盖亦幸耳。余最爱诵其《湘中秋感》八律，以为远追信阳，近挹黄门。

（按：汉槎作此诗，当甲申九月时，年才十三，髫年得此，岂非异才？亟录于此，以谂读者。）

诗云：

其一

桂林摇落迥苍苍，岁暮天涯黯自伤。

永夜星河翻梦泽，高秋风雨暗潇湘。

三年作客清砧断，万里怀人丛桂长。
凭眺欲寻西澨佩，数声渔唱起沧浪。

其二

楚望还登王粲楼，参差吹撤（彻）木兰舟。
风清桂岭猿初啸，雨歇苍梧瘴未收。
帝子怨深瑶瑟夜，美人心折白蘋秋。
却怜故国多芳草，几度登临赋远游。

其三

西山陵阙锁幽宫，辱帝神灵想像中。
银海雁寒虚殿月，玉衣香散夜台风。
天高朔气星辰动，响入边笳御宿空。
禋祀万年开北极，只今秋祭在江东。

其四

楚宫八月下搀枪，宗子谁传带砺盟。
云梦旌旗还去国，章华台榭更开营。
珠囊夜泣三湘雨，玉马秋迷六诏兵。[1]
闻道至尊思叔父，蛮烟渺渺动皇情。

自注：

①楚中诸王避地黔粤者，半为夷獠所掠。

其五

齐豫诸军尽北来，淮淝山色陈云开。
九江潮稳飞龙舰，万骑风高戏马台。
殊锡竟推王道贵，折冲空忆谢玄才。
先皇恩泽知无斁，誓众应多缟素哀。

其六

遥传陶侃驻江干，三月兵戈血未干。
甲帐紫貂多纵寇，牙门青犊共登坛。①
严城落日征烽急，绝塞迎寒画角残。
共道楚军能战斗，却教鄢郢路常难。

自注：

①左侯麾下半系降将，有赐蟒玉者。

其七

千里平沙接大荒，襄中风物自苍苍。
汉江莫掩孤城白，戍鼓寒沉落照黄。
逐寇健儿骄玉马，观军中贵拥银铛。
可怜高纛重围里，却使君王策庙堂。

其八

长沙寒倚洞庭波，翠嶂丹枫雁几过。
虞帝祠荒闻野哭，番君台迥散夷歌。
关河向晚鱼龙寂，亭障凌秋羽檄多。

寥落楚天征战后，中原极目奈愁何。

一二三　大盲头陀遗诗

大盲头陀，故明遗民，不传其姓氏，钱牧斋尝为刻其诗百首，陈菊人为序曰：

> 头陀少负隽才，名噪诸生间，每思效陈汤、傅介子、班超、马援扬旌秉钺，立功万里外。国变后，呕血数升，卸衣去巾，咏“满地芦花和我老，旧家燕子傍谁飞”及“宁可枝头抱香死，何曾吹陨北风中”之句，辄涕下被面。久之，往来秦淮，亲见蒲柳宫墙，铜驼荆棘，呻吟梦呓，发为诗歌。其忠孝大节，皭然不欺如此。

牧斋最喜其“牧马人归夕阳影，报钟僧打过潭声”及“鸥惟空阔无他恋，燕亦炎凉到处飞”之句，以为世之有名籍甚，张鳞竞爪者，恐未能有此逸句也。

一二四　孙豹人遗事

三原孙豹人先生于甲申闯寇乱时，曾结里中少年杀贼，失足堕坎中，幸不死。后流寓广陵学贾，三致千金，已而尽散之。僦居董相祠，扃户读书。身长八尺，庞眉广额，衣冠甚伟。与尤悔庵初未识面，一日悔庵集某公处，豹人甫入门，悔庵即离坐起，迎曰：“此孙先生也，余固识之。”相与大笑。豹人晚年筑室数楹，题曰“溉园”。烹鱼釜鬵，隐然寓匪风之痛也。尝游焦山，中流遇大风，鼍作鲸吞，舟中人失色震恐，豹人独扣舷歌曰：“风起中流浪打舷，秦人失色海云边。也知赋命原穷薄，尚欲西归太华眠。”时人服其雅量。王文简之司李扬州也，慕豹人名，欲往诣之，而恐其不见，乃先之以诗：“焦获奇人孙豹人，新诗雅健出风尘。王宏不见陶潜迹，端木宁知原宪贫。”遂为莫逆。渔洋俸满入都，豹人送以诗曰：“欲问忘情老，何名并命禽？”

一二五　吴征君农祥遗事

吴征君农祥，字庆百，仁和人，康熙十八年荐举鸿博。征君生有异禀，淹贯经史，与西河、竹垞颉颃，而身后之名稍晦。方四方征车诣阙，益都相国择其尤者六人客之邸中，世称佳山堂六子。六子者，迦陵、西河、吴任臣、王嗣槐、徐林鸿，其一则征君也。征君鸢肩鹤颈，指爪长三寸，须鬑鬑然，颓然渊放，得钱辄付酒家，而识微见远。吴下人沿复社故态，角艺相征逐；而浙西之读书、秋声、登楼、孚社及慎交诸社，争立名字应之，各欲得征君自重。征君曰：“是载祸见饷也。诸君子忘东京钩党事乎？”不答书，亦不发视。其后政府果切齿为社事者，尽搜所刊录摧烧之。《随园诗话》言征君乳哺时，哑哑私语，谛听之，皆建文时事也。年逾十岁始不复言，此则邻乎语怪矣。

一二六　屈翁山遗诗

屈翁山（大均）诗集在禁书中，世不获读其全集者久矣。顷在一选本中，见其《大都宫词》三首，乃知禁毁之由，因其多纪掖庭秘事也。其诗云：

其一

暖殿开春宴，才人赐锦袍。
舞低吴蛱蝶，歌倚郑樱桃。
学士调花曲，阏氏按凤槽。
只愁金漏短，日出未央高。

其二

具带盘龙锦，垂髾堕马床（妆）。
汉宫丹凤女，胡地白羊王。
夜醉蒲桃酒，朝开蹋鞠场。
邯郸诸小妇，杂坐弄笙簧。

其三

佳丽征南国，中官锦字宣。

紫宫双凤入，秘殿百花然。
卓女方新寡，冯妃是小伶。
更闻乔补阙，愁断绿珠篇。

（按：此诗所刺者，大抵初入关时睿、豫诸王事。梅村七言绝中，多有足与此诗相印证者。）

一二七　钱牧斋诗案（七则）

（一）《和烧香曲》

钱蒙叟《有学集》，以有指斥国朝之语，遂被厉禁，焚书毁板（版），几与吕晚村、戴南山诸人等。二百年后，遗集始稍稍复出。尝取集中诸诗文一一勘校，虽指斥之词触目皆是，然大抵愤激诅詈之语，未尝有实事之可指。尚不如翁山诗外所咏轶事有裨翦胜异闻。不知身后受祸，何以如此其酷。唯《有学集》第十三卷中有《和烧香曲》一首，词气惝恍迷离，若有所指。疑当时宫闱中必有一大事，为天下所骇诧者，虽以东涧老人之颜厚言巧，谬托殷顽，亦不敢质言其事，而托之拟古耳。《义山集》中有《烧香曲》，故此以“和”名。东涧生平不作昌谷、玉溪（谿）体，尤见此诗之有为而发也。诗云：

下界伊兰臭不收，天公酒醒玉女愁。

吴刚盗斫质多树，鸾胶凤髓倾十州。
玉山岢峨珠树泣，汉宫百和迎仙急。
玉母不乐下云车，刘郎犹倚小儿立。
异香如豆著铜环，曼倩偷桃爇博山。
老龙怒斗搜象藏，香云罨蔼笼九关。
笼香长者迷处所，青莲花藏失香语。
灵飞去挟返魂香，玉杖金箱茂陵土。
烟销鹊尾佛灯红，梦断钟残鼻观通。
杂林香市经游处，衫袖浓熏尽逆风。

（按：此诗与梅村《清凉山赞佛》诗，似可参观。）

（二）诋諆本朝之语

顷读《有学集》诸诗，摘其诋諆本朝之语而汇录之，其仅仅眷怀故国之词不与焉。（《投笔集》诸诗全首指斥不与。）大抵所指斥者，以剃发及国语两事为最夥。如：

髡钳疑剃削，坏服觅俦侣。

（《次韵赠别友沂》）

碣石已镌铜狄徙，天留一媪挽颓纲。

（《袁节母寿诗》）

马沃市场余苜蓿，婢膏胡妇剩燕支。

（又）

春酒酌来成一笑，黄龙曾约醉深卮。

（《吴期生生日》）

国殇何意存三户，家祭无忘告两河。

（《简侯研德》）

纸帐梅花檀板月，梦魂不到黑山边。

（《虎邱舟中戏张稚昭》）

朔风吹动九天昏，四壁明灯笑语温。
可叹爰居无屋止，避风常向鲁东门。

（《题京口避风馆》）

三王五伯迭整顿，君臣将相同拮据。
撑天拄地定八极，为此衣冠礼乐争寰区。
东门啸戎索，北落移天枢。
裸衣笑神禹，好冠诧句吴。

（《放歌行》）

东门铜狄不相待，麻姑筵前见桑海。
燕山马角可怜生，扬州鹤背知谁在。
天关海口未通津，银海又报生埃尘。
渔阳白雀自宾主，鱼凫杜宇犹君臣。

（《孙郎长筵劝酒》）

宵来光怪横甲兵，弥天倒泻修罗雨。

（《补山堂》）

顾影不须嗟短鬓，黄花犹识晋衣冠。

（《题菊龄图》）

周冕殷冔又劫灰，缁衣僧帽且徘徊。

（《归立恭画像》）

苍鹅崇朝起池水，杜宇半夜啼居庸。
铜人休嗟冶新铸，铜驼会洗尘再蒙。

（《乳山道士劝酒》）

南戎江山半壁新，月华应不染胡尘。

（《南楼》）

阴火吹风扑灯烛，鬼车载鬼嚎檐端。
须臾神鬼怒交斗，朱旗闪烁朱轮殷。
相柳食山腥未懋，刑天争神舞不闲。
天吴罔两助声势，海水矗立地轴掀。

（《寒夜记梦》）

梦得朱嘱书，旁行写复复。
不辨科斗文，神官为我读。

（《饮酒杂诗》）

圣人必前知，卓哉我高皇。
天文清分野，两戒分针芒。
躔度起斗牛，天街肃垣墙。
篇终载箕尾，尾间慎堤防。
眇然龟鱼呈，海底沈微茫。
卓荦世史书，浚臣提正纲。
戎夏区黑白，亘古界阴阳。
石屋闷光怪，化为鱼鸟章。

高秋风雨多，夜起视袭藏。

（《前题》）

间门飞阁瓦欲流，毒雾腥风满阡陌。

（《放歌行》）

阁道垣墙总罢休，天街无路限旌头。
生憎银漏偏如旧，横放天河隔女牛。

（《丙戌七夕》）

贝阙珠宫不可寻，六鳌风浪正阴森。
桑田沧海寻常事，罢钓何须叹陆沈。

（《海客钓鳌图》）

残书翻罢劫灰过，汗筒崔鸿奈史何。
贡矢未闻虞服少，专车长诵禹功多。
荒唐浪说程生马，讹谬真成字作蛇。
东海扬尘今几度，错将精卫笑填河。

（《次林茂之韵》）

地更区脱徒为尔，天改撑犁可奈他。

（又）

茫茫禹迹今如此，愦愦天公莫怨他。

（又）

先祖岂知王氏腊，边人不解汉时春。

（《次茂之申字韵》）

沧桑以来百六殃，飙回雾塞何茫茫。
昆明旧灰铄铜狄，陆浑新火炎昆冈。
乘舆望御委尘土，武库剑履归昊苍。

炮火荡抛琬琰字，马牛蹴踢金玉相。

（《新安汪氏收藏目录》）

虽无法部仙音曲，也胜阴出《敕勒歌》。

（《夏日燕新乐小侯》）

林木犹传唐痛哭，溪云常护汉衣冠。

（《严祠》）

歌舞梦华前代恨，英雄复汉后人思。

（《西湖杂感》）

昔叩于公拜绿章，拟征楛矢静东方。
鸱夷灵爽真如在，铜狄灾氛实告祥。

（又）

堤走沙崩小劫移，桃花劈面柳攒眉。
青山无复呼猿洞，绿水都为饮马池。
善舞猕猴徒跳荡，能言鹦鹉亦侏儒。
只应鹫岭峰头石，却悔飞来竺国时。

（又）

匼匝湖山锦绣窠，腥风杀气入偏多。
梦儿亭里屯蛇豕，教妓楼前掣骆驼。
粉蝶作灰犹似舞，黄莺避弹不成歌。
嘶风渡马中流饮，顾影趑趄怕绿波。

（又）

青衣苦效侏儒语，红粉欣看回鹘人。

（又）

莺断曲裳思旧树，鹤髡丹顶悔初衣。

（又）

发短心长笑镜丝，摩挲皤腹帽檐垂。
不知人世衣冠异，只道科头岸接篱。

（《题丁老画像》）

渭滨方挂擅长安，纱帽褒衣揖汉官。
今日向君谈古事，也如司隶旧衣冠。

（《京口观棋》）

朔雪横吹铜柱残，五溪云物泪汎澜。
法筵腊食犹周粟，坏色条衣亦汉官。

（《怀岭外四君》）

歌闻《敕勒》，只足增悲。
天似穹庐，何妨醉倒。

（《高会堂酒阑杂咏序》）

毳帐围廛里，穹庐埒堵墙。
骆驼冲燕寝，雕鹫扑回廊。
绿水供牛饮，青槐系马桩。
金扉雕绮绣，玉轴剔装潢。
筚篥吹重阁，胡笳乱洞房。
老夫殊氍毹，吾子剩飞扬。

（《徐武静生日》）

兵前吴女解伤悲，霜咽琵琶戍鼓催。
促坐不须歌《出塞》，白龙潭是佛云堆。

（《霞老置酒记事》）

兰锜羝羊触，罘罳冻雀穿。
左言童竖惯，右袒道途便。
芦管声啁哳，穹庐帐接连。
铜驼身有棘，金狄泪如铅。
沙道堤翻覆，云台像播迁。
只孙佯貔虎，怯薛领貂蝉。
湩酒天厨给，驼羹御席骈。

（《茸城惜别》）

指示旁人浑不识，为他还着汉衣冠。

（《自题小像》）

执热汉臣方借箸，畏炎胡骑已扬舲。

（《鸡人》）

东涧为瞿忠宣公座师，其《哭忠宣诗》一百韵，情词悱恻，接武少陵，取其诗而掩其名，谁复知为黼黻殷士之言也哉！

（三）东方曼倩所作之歌行

《有学集》中又有《戏为天公恼林古度歌》一首，仿昌黎《二鸟》、青田《二鬼》之作，至为奇诡。诗人集中第二卷，而题其后曰："此诗得之江上丈人，云是东方曼倩来访李青莲于采石，大醉后放笔而作，青莲激赏而传之也。或曰青莲自为之，未知是否。"其诗云：

己丑春王近寒食，阳和黯黮春无力。
严霜朔风割肌骨，愁霖累月天容墨。
撤（彻）空飞霰响飘飕，殷雷阗阗电光激。
须臾冰雹交加下，乱打轩窗攒矢石。
老人拥被向壁卧，如蚕缩茧乌（鸟）塌翼。
金陵城中有一老生林古度，目眵头晕起太息。
摩挲箱架翻玩占，彳亍乡邻卜蓍筴。
对饭失箸寝失席，如鱼吞钩挂胸臆。
蛙怒鼓腹气彭彭，蚓悲穴窍音唧唧。
吟成五言四十字，字字酸寒气结轖。
一吟啼山魈，再吟泣木客。
三吟四吟天吴罔两纷来下。
钟山动摇石城仄，
山神社鬼不敢宁居号咷诉上帝，
帝遣六丁下搜获。
天公老眼慵识字，趣召巫阳呼李白。
李白半醉心胆粗，曼声吟诵帝座侧。
天公倾听罢，拍手笑哑哑。
女娲弄黄土，抟作两笨伯。
卢仝下贱臣，叩头诅月蚀。
林生韦布士，雨雹恣呵斥。
天壤之间寡兀产二儒，使我低头掩耳受镌责。
唐尧为天子，倦勤而禅息。
穆满八骏归，耄期乃登格。

我为天帝元会运世八万六千岁。
安能老而不耋长久精勤勿差忒。
二十八宿纠连炁孛罗计四余气，
控诉西历频变易。
四余刊一四气孤，列宿失躔紊营室。
吁呼真宰乞主张，我为一笑付闵默。
由来世界怕劫尘，宁保穹苍免黜陟。
我甘名号改撑犁，女辈纷呶复奚恤。
女勿苦霖雨，不见修罗宫中雨下成戈戟。
女勿苦雪霰，不见尧年牛目雪三尺。
电胡为而作，乃是玉女投壶失笑天眼圻（坼）。
雷胡为而作，乃是东方小儿作使阿香，
掉雷车而扇霹雳。
雹胡为而作，乃是女娲补天之余石，
碎为炮车任腾掷。
春秋请高阁，鸿范仍屋壁。
仲舒繁露诚大愚，刘向五行徒悬恻。
鲰生捉鼻善吟缚衣带，何用撼铃伐鼓置天驲。
天公支颐倦欲卧，金童玉女擎觞进金液，
此翁沾醉毷氉骑白雀。
遥观金陵城中吟诗之人，夜分鼾睡殊燕适。
擂鼓忽坐通明殿，号召玄冥丰隆诸神齐受职。
火速趋赴金陵城，雪霰重飞雹再射。
推敲衡门穿户牖，恼乱吟魂搅诗魄。

是时午夜正昏黑，大家小户眠不得。
眠不得，勿惊吓，乃是天公弄酒发性，
故与吟诗老生作戏剧。

“西历”“变易”两语乃似近人顽固党口吻。

（四）《赠黄皆令序》

《四库提要》于《梅村集》谓其杂文间骈俪于散体之中，不古不今，深致弗满。

今按：牧斋杂文已作此体，梅村特与为赓和耳，非其所自创也。予于《有学集》，最爱其《赠黄皆令》一序，爰录于此，以备画苑遗闻。

绛云楼新成，吾家河东君邀皆令至，研匣笔床，清琴柔翰。挹西山之翠微，坐东岩之画障。丹铅粉绘，篇什流传，中吴闺闼侈为盛事。南宗伯署中，闲园数亩，老梅盘拿，奈子花如雪屋。烽烟旁午，诀别苍黄，皆令似河梁之作，河东抒霖雨之章。分手前期，暂游小别，迄今数年往矣。今年冬，余游湖上，皆令侨寓秦楼，见其新诗骨格老苍，音节顿挫，云山一角，落笔清远，皆视昔有加，而其穷亦日甚。湖上之人，有目无睹。蝇鸣之诗，鸦涂之字，互相题拂，于皆令莫或过而问焉。衣帔绽裂，儿女啼号；积雪拒

> 门，炊烟断续。古人赋《士不遇》，女亦有焉。吁其悲矣，沧海横流，劫灰荡埽（扫）；留署古梅老柰，亦犹夫上林卢橘，寝园樱桃，斩刈为樵薪矣。绛云图书万轴，一夕煨烬，与西清东观琅函玉轴俱往。红袖告行，紫台一去。过风□而留题，望江南而祖别。少陵堕曲江之泪，遗山续小娘之歌。世非无才女子，珠沈玉碎，践戎马而换牛羊，视皆令何如？皆令虽穷，清词丽句，点染残山剩水间，固未为不幸也。河东湖上诗："最是西湖寒食路，桃花得气美人中。"皆令苦相吟赏。今日西湖追忆此语，岂非穷尘往劫。河东患难洗心，忏除月露，香灯禅版，净侣萧然。皆令盍归隐乎？当属赋诗以招之。

（五）《赠愚山子序》

牧斋文指斥本朝处较诗为少，而词意之狂悖抑又甚焉。其《赠愚山子序》略云：

> 愚山子以地师游人间。嘉定侯广成久殡未葬，愚山子叹曰："安可使忠臣之骨露暴腥秽。"蹑屩二千里，相视吉壤，哭奠而去。访余小阁，余乃告之曰："佛言南印度为象主，东支那为人主，西波斯为宝主，北猃狁为马主。吾彝考之，唯南、东二主而已，他非与也。印度为梵天之种，佛祖之所生；支那为君子之国，周礼之所化。南曰月邦，东曰震旦，日月照临，

礼数相上。波斯轻礼重货，猃狁犷暴忍杀，区以别矣。安得曰葱岭以西俱属梵种，铁门之左，皆曰胡乡。既指蕃□为佛国，将点梵亦滥胡名。九州十道，并为禹迹；燕代迤北，杂处戎胡。厥后茹血衣毛，奄有中土。肃慎孤竹，咸事翦除，皆马国之杂种，幽冀之部落。东之逼于北也，东之劫也。南居离位，东属震明，为阳国；西北则并为阴国，今俨然称四主焉。何居，阴疑于阳必战，大易所以有忧患也。此地理之当明者一也。一行谓山河之象，存乎雨（两）戒。北戒自三危积石，负地络之阴，乃至东循塞垣，抵涉貊朝鲜，是谓北纪，所以限戎狄也。南戒自岷山嶓冢，负地络之阳，乃东循岭峤，达东瓯闽中，是谓南纪，所以限蛮夷也。自晋以前，秦洛为中夏，淮楚为偏方，南纪微而北纪独尊。自晋以降，幽并则神州陆沈，江东则一州御极，北纪溃而南纪犹在。我国家受命钟祥，实星纪斗牛之次。洪武中，诏修《清类分野书》，以斗牛吴越分为首，而尾箕幽燕之分，尽辽东三韩，最居其后。以是为云汉末派，龟鱼之所恶，而北纪之所穷也。此地理之当明者二也。其一匡辨谓犬戎、山戎，皆为北狄。戎、狄种类繁多，狄有赤狄、白狄；戎有九姓八国，各以所据地为号，实皆匈奴别种。北狄种有二，猓狁、荤粥之属，世居阴山幕北，是为北匈奴。山戎自周末孤竹失国，窃居其地，故燕北有东胡。胡有东、北，犹单于之有南、北二庭，其实一也。春秋时，山戎最强，齐桓伐山戎而九夷皆服。今北平之东，自元之辽东大宁，尽辽水之阳，皆孤竹山戎故地。汉末匈奴北遁，鲜卑强盛，其别种为库莫奚契丹。而阿保机之兴也，在白狄故也（地），今之大宁也。阿骨打之兴也，在肃慎故地，今之开平也。契丹为鲜卑遗种，金源又为契丹杂种，并居山戎挹娄故地，则皆东胡耳。开辟以来，为中国患者，猃狁、山戎而已矣。猃狁之祸，至蒙古而极；山戎之祸，至黑水靺鞨而极。大矣哉，齐桓之伐山戎也。

全集诸文，唯此二篇最为刺目。窃怪当时文网之密，何以竟敢剜劂流传。后读世祖章皇帝天语有曰："明臣而不思明者，必非忠臣。"大哉王言，乃知当时文字之祸，因此而能释者，正自不少。虽然，故国之思可也，立乎人之本朝，而负恩反噬如对仇雠，则悖逆耳。使乾隆中无焚禁之举，则东涧一老，居然与亭林、南雷诸公并称遗民矣，何以教忠而示后耶？

（六）《幽愤录叙》

佟氏当胜国末造，为辽左巨族。本朝开国之初，首先效顺，旗常钟鼎，赏延奕祀。今以《牧斋集》考之，则佟氏在当日未尝不效忠于明。特朝中党人以其为熊襄愍所用，欲倾襄愍，不得不坐佟氏以谋叛之罪。迨佟卜年以私拜金世宗墓坐罪死狱，而佟氏举族东奔。襄愍以辽人复辽地之策，遂成画饼，而东事乃不可为矣。此事关系兴亡大局，而诸书俱不详其始末。牧斋《幽愤集叙》一篇，其文亦慷慨激昂，不可以其人而废之也。序略云：

> 《幽愤录》者，故登莱佥事观澜佟公绝命时自著。《幽愤先生传》，其子今闽抚国器集录以上史馆者也。东事之殷也，江夏公任封疆重寄，一时监司将吏皆梔言蜡貌，不称委任。佟公为诸生，筹边料敌，慨然有埽（扫）犁之志，江夏深知之。当是时，抚清（抚顺、清河两堡）虽燔，辽沈无恙。以全盛之辽，撼新造之建；以老黑当道之威，布长蛇分应之局。鹬蚌未判，风鹤相疑。传箭每一日数惊，拂庐或一夕再徙。公将用辽民守辽土，倚辽人办辽事。赦胁从，招携贰；施钩饵，广间谍。肃慎之矢再来，龙虎之封如故。经营告成，岂不凿凿有成算哉！天未悔祸，国有烦言。奸细之狱，罗织于前；叛族之诛，瓜蔓于后。而辽事决不可为矣。呜呼，批根党局，假手奄（阉）宦。借公以螫江夏，又因江夏以翦公。此佥人要路，所为合围掩群，惟恐或失者也。杀公以锢佟氏之族，锢佟氏以绝东人之望。于是乎穹庐服匿之中，望穷瓯脱；椎结循发之属，目断刀环；翕侯中行说之徒，相率矫尾万角，僇（勠）力同心，以致死于华夏。盖自群小之杀公始。

国器以开国勋臣，出据使节。牧斋为之撰文，顾略不顾忌讳如此。亦可藉观当时汉军之心理矣。

一二八　香冢　鹦鹉冢

都城南下洼，陶然亭之东北，有香冢焉。孤坟三尺，杂花绕之。旁竖一小碣，正书题曰：

> 浩浩愁，茫茫劫；短歌终，明月缺。郁郁佳城，中有碧血。碧亦有时尽，血亦有时灭，一缕香魂无断绝。是耶非耶，化为胡蝶。

无姓名题署，不知为何人。或曰："曲妓有蒨云者，与某生情好綦笃，已誓白头之约。生素贫，鸨贪甚，无以为聘。一大腹贾见蒨云，艳之，以千金啖鸨，将纳为侧室。鸨羡其赀，受之。蒨云遂自刭死。碑即生所竖也。"或又谓："某生素负才名，数应京兆试，不得一第，愤而绝意进取，举其历试落卷，瘗之于此，而系之以铭。"碧血香魂，悉寓言耳。香冢之北，有鹦鹉冢。视香冢略低，亦有碑，作八分书，为粤人某君作。某君宦京师，自粤中携一白鹦鹉，慧甚，能诵诗、歌曲，死而瘗诸香冢之侧，从其类也。其词亦哀艳，惜未录存。

一二九　梦异

周礼有占梦之官，其术不传。虽神话时代之旧术，然必有精理奥义，为哲学家所当探索者。吾国人向以梦之休祥，为后事之征验。自西士脑筋留影之说出，而旧说逐绌。然以蒙所闻，实有能见未来事者。精神上之作用，必有其所以然。今魂学尚未昌明，故莫能言其故耳。癸巳夏，余旅居京师，一夕，忽梦覆车。惊而寤，心血犹跳荡不止。次晨入城，果覆于正阳门外。车旁所见，宛然梦中景象也。脑筋留影之说，岂足以概之乎？吾国人向以科第为第一事，故梦之属此类者甚夥。然大抵小说家附会缘饰之辞，什八九非实录，惟有两事最为翔实。

徐尚书用仪、钱尚书应溥，咸丰朝同直军机，同应京兆试。场后，徐匿其稿。钱数索观，终不肯出示。一夕，钱忽梦读闱墨，徐名在焉。梦中读其文而识之，醒后竟一字不遗。次早入直，为徐述之，徐大骇。或曰："是必钱君窃窥君稿，故以为戏耳。"然徐自言场中实自焚其稿矣。数日榜发，果如钱言。

同治乙丑会试，吾师蕲州李百之先生士彬中第三名。榜前有丁士彬者，梦观榜礼部门外，已名在第三，惟其姓字独小，且较他人略低半字，不解其故。及榜发，竟落第。十余日后，入城经礼部门，榜犹在。因趋近观之，则第三名"李"字之上半为雨所淋，仅存其下半之"丁"矣，乃大骇。丁与师故不相识，次日乃寻至师寓所，以梦告之，相与叹诧不置。

前一事闻诸徐尚书之戚某君，后一事则吾师自言之。

一三〇　洪大全遗事

洪秀全之党，才略以洪大全为最。杨秀清号善用兵，然远逊大全。秀全未出粤西，而大全遽就禽伏诛，天也。大全籍湖南衡州，与洪逆本非同族。幼绝慧，九龄能背诵十三经，兼工诗词。长益自负，屡应童子试，辄被黜，遂落拓怀异志。自赵金龙平后，粤、湘间盗贼并起，大小数十股。大全遍谒其魁，阴察无可与言者。闻秀全起金田，所为与群盗殊，因往谒之，与联宗谊，秀全亟加倚任。

大全乃为之定营制、整军律，陷永安而守之。而杨秀清忌其才，积不相能。会官兵攻永安急，大全一日微服出城，遽被禽。大帅张其事以奇捷奏，令随营主事丁守存献俘于京师城。贼出悍卒千人谋夺之。广西抚臣邹鸣鹤飞书保守存兼程前进，行七日抵全州。丁以大全衡产必有贼党谋篡取者，乃阳称将舍舟登陆，檄诸州县驿站拨兵护送，而阴由水路昼夜兼行。置大全内舱，塞其窗，无少隙，又八日而抵长沙。大全不知船行之速，日语兵役曰："某日当抵衡，便可遵陆矣。"兵役漫应之。至是乃绐之曰："已到衡矣。"大全欣然出舱，四顾骇然曰："此长沙也。不谓汝辈竟能绐我至此，吾其休矣，虽然，秀清竖子不从吾言，终亦成禽耳。"

一三一　石达开之日记

洪秀全诸将兼资文武者，洪大全而外，惟翼王石达开。其上曾文正七律五首，前已载《新民丛报》中。达开之入蜀也，意欲由川南袭成都。宁远府万山中有一鸟道，亘古榛芜，未通人迹。由此北行出山，即在成都南门外矣。达开侦得此路，轻骑趋之。会辎重在后，迷路相失，士卒皆饿莫能兴，遂坐困，致为土司所获。达开在狱中，述其生平事迹，及洪逆作乱以来与官军相持始终胜败得失之由，为日记四册，纪载最详。今其书犹存四川臬司库中，藩库亦存副本。官书纪载用兵时事，率多为官军回护，掩败为胜，迥非当时实录。昔李秀成被获后，手书供词，凡七八万言，为曾军幕下士删存什之三四。计其关系重要之语，已芟薙尽矣。达开此书，倘有人录而传之，其有裨史料者，当不少也。

一三二　吴三桂之逆迹

吴三桂之请援于我朝也，与其父襄书曰："父不能为忠臣，儿自不能为孝子。"岂不皭然大义之言？今观明内监王永章陷贼中所著《甲申日记》一书，中载三月十九后，三桂与襄诸书，置君亲于不顾，唯拳拳于陈妾一人，真所谓狗彘不食者。乃知世所传前书两语，皆乱贼矫诬文过之辞耳。记云："四月初一日，吴襄缴到三桂廿二书"

云：

按：此时襄已降闯，所谓缴到者即缴之于闯也。

闻京城已陷，未知确否？大约城已被围，如可迁避出城，不可多带银物，埋藏为是。并祈告知陈妾，儿身甚强，嘱伊耐心。

第二书云：

得探报京城已陷，儿拟即退驻关外。倘已事（事已）不可为，飞速谕知。家口均陷贼中，只能归降。陈妾安否？甚为念。

第三书廿五日发，云：

接二十日谕，知已归降。欲保家口，只得降顺。达变通权，方是大丈夫。惟来谕陈妾骑马来营，何曾见有踪迹？如此轻年小女，岂可放令出门？父亲何以失算至此！儿已退兵至关，预备来降，惟此事实不放心。

第四书廿七日发，云：

> 前日探报陈妾被刘宗敏掠去，呜呼哀哉，今生不能复见。初不料父亲失算至此。昨乘贼不备，攻破山海关一面，已向清国借兵。本拟长驱直入，深恐陈妾或已回家；或刘宗敏知系儿妾，并未奸杀，以招儿降，一经进兵，反无生理，故飞禀问讯。

第五书云：

> 奉谕陈妾安养在宫，但未有确实之说，究竟何来？太子既在宫中，曾否见过父亲？既已降顺，亦可面奏说明此意，但求将陈妾、太子两人送来，立刻降顺。

云云。

以此诸书观之，梅村所谓“冲冠一怒为红颜”者，真诗史之言也。

三桂初犹有拥立太子之议，所谓“义兴元年”者是也。暨闻闯以圆圆侍太子，大愤，其议遂罢。此即梅村诗所未尝及，而国初诸老逸史亦未有能言其故者，今悉在永章日记中。当时目击所录，必得其真，亟录传之，亦足以广异闻也。记云：

> 三月二十日，贼在田皇亲家搜得太子、定王以献，闯令入宫。廿一日，封太子为宋王，定王为安宅

公。四月初六日，发檄与三桂云："太子好好在宫，汝莫想借他为由，朕已封为宋王，将尔等妻女与他奸淫，以泄崇祯之忿。"初九日，下伪诏亲征三桂。十二日起程，太子、定王、代王、秦王、汉王、吴陈氏、吴氏、吴氏、吴李氏、伪后妃嫔皆从行。吴陈氏即圆圆，两吴氏皆三桂妹也。廿五日，战于一片石，闯大败，退入关。太子与圆圆遂皆至三桂军中。廿六日，闯又为誓书与三桂云："大明朝义兴皇帝，使监国大学士平南王吴三桂、尚义伯总兵官唐通；大顺朝永昌皇帝，使兵政府尚书王则尧、张若麒，于甲申四月廿二日立誓于山海关。自誓之后，各守本有疆土，不相侵越。大顺朝已得北京，准于五月初一日交还大明朝世守，财货归大顺，人民各从其便。如北兵侵掠，合力攻击，休戚相共。有渝此盟，天地殛之。"廿八日，牛金星揭呈三桂告示两通，一列监国大学士平南王吴衔，下书义兴元年四月廿四日。一列平西亲王吴衔，下书顺治元年四月廿六日，印文亦两歧。闯曰："大约我胜，则与我和；清胜，即与清合。彼诱得太子陈氏、便尔背盟，实非人类。"立禽吴襄及家口十六人斩于市。廿九日，闯登极。三十日，率诸贼退出京师。五月初一日，接太子手敕，以初三日入都，为大行皇帝、大行皇后举行大事，末署义兴元年四月廿六日。正拟具本，明日入奏。忽传太子已至城外，王德化亟备车驾、卤簿至朝阳门迎驾，永真在内预备。

云云。

此下遂无一字，其如何变局则不可得而知矣。

按：诸书皆言闯挟太子、二王西走，未尝有归诸三桂之说。果尔，则北都公主所见，与南都所谓王之明者，信哉其为依托矣。然亦安知非闯贼以是系三桂及中原士大夫之心，而伪封一人以乱观听乎？逸民某君所为木居士愤言谓方太息，此举之不成而致慨于有明一朝兴废，实系圆圆一人。则非惟堕三桂之欺，抑且为闯所笑矣。（圆圆本姓邢，生时有群雉集屋，众因呼为野鸡。其姨氏陈，俗所谓养瘦马者。圆圆母殁，遂依陈，因从其姓。此亦诸书所未及者。）

一三三　戈登遗言

英将戈登，曾立功中国，隶李文忠麾下者十余年。后归国，死事埃及。吾国士大夫语及戈，以为不如华尔。然华不过一战将，戈则具有文武才略，且其人实忠于吾国，不可殁也。其归国时，当光绪六年，尝上书文忠，论外交、军事甚悉，皆荦荦大端。使早从其言，何至有后来丧地、失权之祸。不幸而戈所深戒者，吾事事莫不蹈之。今距戈去时，甫三十年耳，而每下愈况，遂至此极。戈登有知，应亦自叹其言之不幸而中也。戈所陈十策，为撮其要于下：

一、中国与外国议约，当在中国开议。（按：吾国与各国立约，蹈此戒者，实不可胜数。马关一约尚不在内。）

二、与外国议约，须多用文字，少用语言。文书以简明为贵，或先将其意暗询别国。因各国互相猜忌，若某款吃亏，必为指出。（按：此策十年以前犹可用，今则均势之局已定，协以谋我，虽此策亦无所用矣。）

三、中国一日不去北京，则一日不可与人开衅。因都城距海口太近，无能阻挡，此为孤注险著。（按：此条蒙颇不谓然。虽然旅顺、威海之不守，戈固先见之矣。）

四、陆军无劲旅，则水师无退步。今宜先练陆师，再练水师。

五、所购船炮甚为失计。当时若以购船炮之款，尽购新式枪，较为有益。俟陆军练成劲旅，再购船炮。（按：此二条，今之海军大臣听者。）

六、中国有不能战而好言战者，皆当斩。

七、应多方帮助华商出洋，径向制造厂购货。

八、总税司宜驻上海，专管税务，不令搀越他事。若与外国公使议事，不宜令局外之洋人干预。

(按：后来赫德权力之膨胀，孰实使之？衮衮诸公，不惟负国负民，抑且无以对戈登矣。文忠在总署时，不喜与赫德商榷国事，殆犹未忘戈登之戒欤?)

九、当责成出使大臣承办外洋军火。如与各国公使谈论，有不谐之处，当令出使大臣在外商办。(按：十条中，惟此条无关紧要。)

十、亟宜设税务学堂，令华人习学关税事宜，以备代替外人。薪水宜照外人例优给。(按：赫德总榷政以来，垂五十年矣。而此条竟无人议及者，尚何言哉!)

一三四　丁韪良被骗

西人旅居中国者，其机械变诈，往往有出人意料之外。以余所闻德贞骗丁韪良事，其一端也，丁韪良为同文馆总教习十数年，于吾国官场惯技，揣摩纯熟。恭、庆两邸及总署诸堂官，皆与之相得。丁为人小廉曲谨，自教授外，公私外交一无所干预，故华人皆乐就之。德贞者，英人也。精于医，为人捭阖有机智。光绪中叶，西人之来华营路矿者，皆以德为主谋。德亦广交游，结纳权贵，大奄名优，王公贵戚，无不得其欢心。与丁为莫逆交，丁乃援之入同文馆，充医学教习。同文馆定例：总教习月薪千金，各科分教仅三百金而已。德之婿欧礼斐者，略谙普通学，来华依其岳谋一席地。德荐诸赫德，使为圉人长。欧见总教习之获多金也，羡之，欲去丁而篡其位。谋诸德，德颔之曰："当徐图之，勿汲汲也。"又半岁，丁忽肩上生一瘤，延德诊视。德视之曰："无妨也，不数日愈矣。"语毕，背而拭其睫，作饮泣状。瞥为丁所见，固问之，德乃惨然曰："吾二人交好如弟昆，吾见君得此危疾，不忍以实告，而又不禁其心之痛。不图乃为君所觉，今不得不以实告矣。此症无生法，吾力能保百日。百日以往，药饵无能为矣。为君谋，不如急请假归美，用吾药，犹能抵家，与妻子相见也。"丁如其言，匆匆请假行，未抵旧金山，疾已霍然矣。抵家后，竟不复发，方讶德之妄言，谋束装作西渡计。忽得友人书，则欧礼斐已膺关聘，坐皋比，月享千金矣，始悟德之赚己也。实则欧于普通学外，诸科学未谙门径。

故事，总教习必通各国语言文字，始能稽核课程，欧则英文外一无所知也。及丁再至华，德已前卒矣。

一三五　赫承先求应乡试

赫德仕中国五十年，而不入国籍，不易章服，且仍食本国男爵之俸，亦创例也。赫之子名承先，酷慕中国科第之荣。其父乃为延名师，教为制艺。京师人有见其课稿者，饱满畅达，居然二十年前好墨卷也。试帖楷法，亦端谨不率。癸巳万寿恩科，必欲援金简故事，以内务府籍应试。执政者顾坚不许。赫嬲弗已，乃藉庆典恩数，赏以三品衔候选道，而卒不许其应试，一时翰苑中人，皆失望懊恼。盖承先果入场，则必无不中；中后贽敬，必可获巨万也。吾国外交上有至不可晓者，国权所系，轻以予人，绝不少惜；独此等虚荣所在，乃竭力以争之，可谓不识轻重矣。

一三六　黄靖南遗事

明靖南侯黄得功，微时豢鸭为生，每日辄少数鸭，久之几尽。黄怒，涸水踪迹之于塘底，得一巨鳝，粗如盎，烹而食之。体貌顿改，为伟大（丈）夫，勇力绝伦，遂习武。然贫不能应试，日为人策蹇。时杨龙友文骢甫乡捷，由黔入都。至浦口，雇黄驴北行，中途遇劫贼六人。龙友本娴骑射技击，方谋抵御。黄遽大呼："看我杀贼。"从驴背跃地，一手牵驴，一手持行囊扑盗。盗大惊，急止之。黄不顾，扑如故。盗下马罗拜，呼曰："公真大英雄，我辈愿拜下风矣！勿失义气。"黄乃止，因共邀黄入伙，坚拒之；贻之金，又不受；请姓名，亦不答。盗遂拱手去。杨奇其勇义，因与约为兄弟。南归，言之马士英，士英为之昏娶，延师教以兵法，及督凤阳，拔为亲将，遂建功河北，为明季名将。

一三七　诗钟汇录（三则）

（一）诗钟之“笼纱”“嵌珠”两格

诗钟之作，近世极盛，有“笼纱”“嵌珠”两格。笼纱者，取绝不相干之两事，以上下句分咏之者也。嵌珠者，任取两字，平仄各一，分嵌于第几字者也。笼纱易稳而难工，嵌珠难稳而易工。近时多尚嵌珠，鄙意颇不喜之。都中相传有分咏杨贵妃及煤者云：“秋宵牛女长生殿，故国君王万岁山。”超脱悲浑，当为极格。朱彊村侍郎《咏山谷蠹鱼》云：“诗派纵横不羁马，书丛生死可怜虫。”李西沤《咏宝剑崔双文》云：“万里河山归赤帝，一生名节误红娘。”或《咏魁星及承尘》云：“常将彩笔干牛斗，不见空梁落燕泥。”有人仍用上题，而魁星手中不持笔而持元宝者，云：“文章自古须钱买，台阁于今半纸糊。”史记《白糖》云：‘传世文章无碍腐，媚人口舌只须甜。”数联皆极超隽。

此体闽人最工，“魁星”“承尘”两联，皆闽人也。郑太夷尝言，福州某社出“女、花”两字，用嵌珠格。因字面太宽，限集唐诗，其前列三人皆极工。一云：“青女素娥俱耐冷，名花倾国两相欢。”一云：“商女不知亡国恨，落花犹似坠楼人。”一云：“神女生涯原是梦，落花时节又逢君。”此所谓文章天成，妙手偶得者耶！有人欲撰联嵌“雪、珠”两字，倩太夷为捉刀者。太夷应声曰：

“雪肤花貌参差是，珠箔银屏迤逦开。”二语皆在《长恨歌》，尤极自然。（鄙人尝有《咏老将及避债》云：“三辽独立频看剑，一代孱王尚有台。”又《乌江及革命党》云：“渡此更将何面目，误人无限好头颅。”自谓颇能浑脱。）

（二）“诗钟社”联评

又适士来书云：

> 庚子、辛丑间，海上某报发起诗钟社，一时名句颇多。或《咏醉蟹情丝》云：“浊世不容公子醒，春愁多为女儿牵。”又一联云：“一世横行终入瓮，七襄苦织不成章。”皆极超浑。上句皆有寄托，浊世句敦厚温柔，尤得风人之旨。惜不知作者姓氏，为耿耿耳。

（三）诗钟之会

嵌珠难稳而易工，良然，顾其佳者亦正可讽。丁未旅粤，暇辄从朋辈为诗钟之会。一日，拈得“臣、满”二字，用嵌珠中之虎头格，虞和甫观察云：“臣门车马登龙日，满屋图书伏蠹年。”虞固闽人，所作均以工整胜，此其一斑也。又况晴皋大令云：“臣门冷落容罗雀，满地凄凉怕听鹃。”陈伯澜刺史云：“臣心常与葵同向，满鬓羞将菊乱簪。”自然名隽，较虞尤胜。又用燕颔格嵌“屋、心”二字。伯澜云：“老屋欲倾松作柱，禅心未定絮沾泥。”用鸢肩格，嵌“人、南”二字。晴皋云：“杜陵人日凄凉甚，庾信南来感慨多。”陈少蘅大令云：“天上人间今夜月，北征南下隔年霜。”又陈壎伯大令用虎头格，嵌“臭、珠”二字云：“臭逐不妨来海上，珠还何日返天南。”皆佳句也。拙作“臭、珠”云：“臭如兰蕙交如水，珠辟尘埃玉辟寒。”又“千、土”二字用蜂腰格云：“隔院秋千杂丝竹，东华尘土梦觚棱。”嗜痂者以为后一联感喟苍凉，别有怀抱，然视以前诸联则瞠乎后矣。

一三八　隐语汇录

隐语始春秋时，其后流为灯谜，遂为文词游戏之一种，至近时而益工。佳者必表里皆现成语，两不相涉，而恰能传神阿堵中者，斯为上乘。若徒以字面关合，或更乞灵僻典，纵极工巧，要不免笨伯之诮矣。昔人谓“诗有别才，非关于学”。若谜语者，殆纯恃别才者矣。二十年前，京师此风最盛。昔潘文勤尝以“臣东邻有女，窥臣已三年矣”，射唐诗一句，媵以古吉金数事，直可数百金。出月余，竟无人敢问津者。后为江南一士人射得，盖“总是玉关情”一句也。运实于虚，斯真能传神阿堵中者矣。余所闻佳谜，不下百余条，今不能记十之二三矣。雨窗独坐，偶忆及数条，汇录于此：“王太监遗容”，射唐诗一句：“承恩不在貌。”“聋子的耳朵，也是个样子”（此京师谚语)，射《毛诗》一句："不闻亦式。"以"也、是"两字扣"亦"字，运思之巧，真匪夷所思。"分明摩诘印章，为何颠倒残缺至此"，射《毛诗》一句："维王之邛。""岂曰小补之哉"，射《周易》一句："大无咎也。""忧"字，射《毛诗》三句："惟其优矣，人之云亡，心之忧矣。""虚账不必实付"，射唐诗一句："花开堪折直须折。"咸丰朝以制钱缺乏，京师尝行钞票，既而价渐低落，至不能直半价，户部犹不肯废罢。而入市买物，无人肯收受者，相率以此充戚友婚丧之馈遗品（京师人谓之曰红白分子）。有以此为表，射《毛诗》"云不可(何）使，得罪于天子；以（亦）云可使，怨及朋友"四句者，此真文章天成，妙手偶得者矣。谜语有最可发笑者。"玉皇神牌"，射《毛诗》一句："上帝板板。""秀才一卓（桌)"，射《礼记》二句："其数八，其味酸。""红罗双绣凤头鞋"，射《毛诗》一句："赤舄几几。""娇的的越显红白"，射唐诗一句："桃花带雨浓。""一声声是衣宽带松"，射元人名"脱脱"。（此条有以"我将你钮叩儿松，我将衣带儿解"两句为谜面者，不如此句之得神也。）

一三九　铁路输入中国之始

同治四年七月，英人杜兰德以小铁路一条，长可里许，敷于京师永宁门外平地。以小汽车驶其上，迅疾如飞。京师人诧所未闻，骇为妖物，举国若狂，几致大变。

旋经步军统领衙门饬令圻（拆）卸，群疑始息。此事更在淞沪行车以前，可为铁路输入吾国之权舆。

一四〇　乞食制府

乾、嘉间有某制府者，八旗人也。盛时，僮仆、姬侍、服饰、饮食、玩好之物，穷极奢丽，日费不赀。及和珅败，制府亦牵累罢官，数年后穷窭不堪，遂至乞食市上。王公贵人皆严绝之，惟朱文正公戒阍人勿却。每旬日必一至，文正辄手持青蚨二百赠之。一日又至，值书室无人，因窃取小镜，怀之而出。后遍觅不得，诸仆喧言制军顷实来此。文正戒勿声言，如再至者，惟伺候侍茶，毋令独在室中而已。（按：此似富勒浑事。）

一四一　时艺余谭

康熙、雍正以前，功令未严，格式未备，生童应小试，尚无试帖，仅《四书》文一篇而已。江苏为人文渊薮，相传昔学政有以“快、短、明”三字衡文者，大抵缴卷愈快愈妙，篇幅愈短愈妙，题纸一下，不容构思，振笔疾书，奔往投卷。取额一满，则不待终场辄出案。往往考生犹据案推敲，忽炮声隆隆，鼓吹聒耳，则红案已出矣，乃皆踉跄不终卷而去。一日，试题为《山梁雌雉》。有一生文仅十六字，曰：“《春秋》绝笔，西狩获麟。《乡党》

终篇，山梁雌雉。”榜发，竟冠其军。又一日，题为《孟之反不伐》。一生文曰：“不矜功，良将也。夫伐情也，反不然，良将哉。春秋时不伐者二，一介子推，一孟之反。子推不贪天功以为己力，之反不假人力以为己功。吁良将哉。”又拔冠其曹。评语谓其仅五十五字，而全篇规模已具，盖隐然两大比格也。又有塾童五六人同赴试，一送考之佣工，年过四十，盖亦读书未成，辍读而耕者也，好论文，贪饮食。偶见诸童文，辄从而指摘之。诸童使具酒食，每先自饮啖。诸童疾之甚，相与谋曰：“彼喜自衒其能，当思有以困之。”乃用佣姓名，密为购卷，俾携考具相随，若为送考者。既唱名，一人在佣后代应，而推之使前。佣不得已，接卷入，笑曰：“若辈欲困我耶？我当有以间执其口。”是日，题为《夫微之显》。佣忆少时在塾，曾读此题旧文，小讲下既承上文，即接笔曰：“夫然而微矣，夫然而显矣，夫然而微之显矣。”提比后用复笔，后比末之结笔，亦如之。因抄袭人文，而其他皆不知作何语也。遂首先交卷，学使见三复笔，即提笔密圈，不暇细阅他处，竟拔取冠军。诸童皆丧气而返。又乾、嘉之际，汉学大行，有能以《纬书》及《汲冢书》《穆天子传》等书入文者，辄获上选。黠者因伪撰典故，以蒙试官。试官欲避空疏之诮，不敢问也。江左某生，素滑稽，值彭文勤校试，某生亦赴试。场期前一日，偶与同院生出游，道旁两槐，浓荫蔽日，中一井，井畔有石。喜其清润，因坐石上倾谈。某生忽有悟曰：“此本地风光，即吾明日场中文料也。”同院生犹哂之。次日入试，榜发，果冠军。索试卷观之，小讲起语即曰“且自两槐夹井以来”云云。以下皆杜撰语，而评语极赏其典奥。

一四二　术士能代人饮食

顷读渔洋《池北偶谈》，载其叔祖季木吏部家中，有一方士能代人饮食，其人自饱。亦往往令人代食，至溲溺亦如之。渔洋必非妄言者，然则催眠一术，吾国人二百年前，已有能通其学者矣。

一四三　马士英玉佩

桂林王幼遐给谏尝得玉佩一事，长二寸弱，宽半之，盘螭宛转，中刻“瑶草”二字，疑为马士英故物。因赋《念奴娇》一阕纪之。词云：

> 梦华遗恨，话南朝影事，谁教玉碎。漫拟苕华镌宛转，腹草家瑶云尔。制想牙牌，臭余腰玉，名字参差是。沙虫江上，未随尘劫轻委。　　赢得图画漂零，玉瑛涂抹，辱及桃根妓。扇底曾窥名印小，篆势殷殷曾记。射马谣新，用牛语谑，尘垢难磨洗。梅花冠剑，只今光照淮水。

按：《画征录》：瑶草画法倪黄，颇足与思翁龙友肩随，为人所累，遇者咸弃弗顾。书画贾人，因增其姓名为冯玉瑛，谓明末南都妓女，始有人肯购者，故有“辱及桃根”之语。给谏又藏士英画扇，俪以周宜兴书，扇底名印，即指此也。相传浙中军败，士英召其妻高夫人至，使自裁。高问汝将何为，曰：“吾将披剃入山，栖某寺耳。”高恚曰：“汝尚不肯死，乃令我死耶?”士英固迫之。高怒，闭门大诟，士英惘惘出门去。俄而大兵至，大索士英不得。高闻之，乃赴军门，自言知士英所在。导官军入山，径趋某寺，士英遂被禽。

跋

右《春冰室野乘》一卷，咸阳李孟符岳瑞著。孟符为敬恒太史之子，幼承家学，又久从刘古愚先生游，博极群书，诗、古文、词均有法度。通籍后，以工部郎为译署章京，习闻国故朝典，故论事尤深识体要。此编特著述之一斑而已。其述一朝轶事，似温国《涑水纪闻》、释文莹《玉壶野史》；随事标题，不分时代，略如叶绍翁《四朝闻见录》；多记诸名公逸闻，又类礼亲王《啸亭杂录》。惟啸亭天潢近胄，语多颂扬；此则据事直述，论剂于平。后半多录同时人诗词，更近陈世崇《随隐漫录》。间及谐趣，益人神智，不涉因果，不谈鬼神。固宜其书一出，沪滨纸贵。国变以后，锓版已至六次之多。惜展转传钞，坊本讹字太夥，兹复详校重印之，亦近世得失之林也。

民国二十五年十二月校

长安　　宋联奎

蒲城　　王　健

兴平　　冯光裕